大家心理館

鄭石岩作品集

親職與教育 1

大眾心理館

鄭石岩作品集 親職與教育 ❶

教導孩子成材

打造學習型家庭，做孩子的領航人

作者——鄭石岩
執行主編——林淑慎
特約編輯——楊 菁
美術設計——唐壽南
發行人——王榮文
出版發行——遠流出版事業股份有限公司
100臺北市南昌路二段81號6樓
郵撥／0189456-1
電話／2392-6899 傳真／2392-6658
香港發行——遠流（香港）出版公司
香港北角英皇道310號雲華大廈4樓505室
電話／2508-9048 傳真／2503-3258
香港售價／港幣80元
法律顧問——王秀哲律師・董安丹律師
著作權顧問——蕭雄淋律師
□2006年11月16日 初版一刷
□2007年 1 月 1 日 初版二刷
行政院新聞局局版臺業字第1295號
售價新台幣240元（缺頁或破損的書，請寄回更換）

ISBN-10 957-32-5919-2
ISBN-13 978-957-32-5919-0
ylib 遠流博識網
http://www.ylib.com E-mail: ylib@ylib.com

教導孩子成材

打造學習型家庭，做孩子的領航人

鄭石岩／著

我的創作歷程

鄭石岩

寫作是我生涯中的一個枝椏，隨緣長出的根芽，卻開出許多花朵，結成一串累累的果子。

我寫作的著眼點，是想透過理論與實務的結合，闡釋現代人生活適應之道，提倡正確的教育觀念和方法，幫助每個人心智成長。透過東西文化的融合，尋找美好人生的線索。我細心的觀察、體驗和研究，繼而流露於筆端，寫出這些作品。書中有隨緣觀察的心得，有實務經驗的發現，有理論的引用，也有對現實生活的回應。在忙碌的工作和生活中，我採取細水長流，每天做一點，積少成多。

從第一本作品出版到現在，已經寫了四十幾本書。這些書都與禪佛學、教育、親職、心靈、諮商與輔導有關。寫作題材從艱深的禪學、唯識及心靈課題，到日常生活的調適和心智成長，都保持深入淺出、人人能懂的風格。艱澀冗長的理論不易被理解，特化作活潑實用的知識，使讀者在閱讀時，容易共鳴、領會、受用。因此，這些書都有不錯的評價和讀者的喜愛。

每當演講或學術討論會後，或在機場、車站等公共場所時，總是有讀者朋友向我招呼，表達受惠於這些著作。他們告訴我「你的書陪伴我度過人生最困難的歲月」，或說「我是讀你的書長大茁壯的」。身為一個作者，最大的感動和安慰，就在這些真誠的回應上：歡喜看到這些書在國內外及中國大陸，對現代人心靈生活的提升，發揮了影響力。

多年來持續寫作的心願，是為研究、發現及傳遞現代人生活與工作適應的知識和智慧。所以當遠流規劃在【大眾心理館】裡開闢【鄭石岩作品集】，期望能更有效服務讀者的需要，並囑我寫序時，心中真有無比的喜悅。

我在三十九歲之前，從來沒有想過要筆耕寫作。除了學術論文發表之外，沒想過要從事創作。一九八三年的一場登山意外，不慎跌落山谷，脊椎嚴重受創，下半身麻痺，面臨殘障不良於行的危機。那時病假治傷，不能上班，不多久，情緒掉到谷底，憂鬱沮喪化作滿面愁容。

秀真一直非常耐心地陪伴我，聽我傾訴憂慮和不安。有一天傍晚，她以佛門同修的立場警惕我說：「先生！你學的是心理諮商，從小就修持佛法；你懂得如何助人，也常常在各地演講。現在自己碰到難題，卻用不出來。看來你能講給別人聽，自己卻不受用。」

我聽完她的警語，心中有些慚愧，也有些省悟。我默然沉思良久。我知道必須接納現實，去面對眼前的困境。當晚九時許，我對秀真說：「我已了然於心，即使未來不良於行，也要坐在輪椅上，繼續我的教育和弘化工作，活得開心，活得有意義才行。」

她好奇的問道：「那就太好了！你準備怎麼做呢？」

我堅定的回答：「我決心寫作，就從現在開始。請你為我取下參閱的書籍，準備需要的紙筆，以及一塊家裡現成的棋盤作墊板。」

當天短短的對話，卻從無助絕望的困境，看到新的意義和希望。我期許自己，把東方的禪佛學和西方的心理學結合起來，變成生活的智慧；鼓勵自己，把學過的理論和累積的實務經驗融合在一起，成為活潑實用的生活新知，分享給廣大的讀者。

邊研究邊寫作，邊修持邊療傷，健康慢慢有了轉機，能回復上班工作。歷經兩年的煎熬，傷勢大部分康復，寫作卻成為業餘的愛好。從一九八五年出版第一本書開始，所有著作都經秀真校對，並給予許多建議和指教。有她的支持，一起分享作品的內容，而使寫作變得更有趣。

住院治療期間，老友王榮文先生，遠流出版公司的董事長，到醫院探視。我送給他一本佛學的演講稿，本意是希望他也能學佛，沒想到過了幾天，他卻到醫院告訴我：「我要出版這本書。」

我驚訝地說：「那是佛學講義，你把講義當書來出，屆時賣不出去，你會虧本的。這樣我心不安，不行的。」

他說：「那麼就請你把它寫成大家喜歡讀的書，反正我要出版。」

就這樣允諾稿約，經過修改增補，《清心與自在》於焉出版，而且很快暢銷起來。因為那是第一本融合佛學與心理學的創作，受到好評殊多。爾後的每一本書，都針對一個現實的主題，紮根在心理、佛學和教育的學術領域，活化應用於現實生活。

禪佛學自一九八五年開始，在學術界和企業界，逐漸蔚成風氣，形成管理心理學的一部分，企業界更提倡禪式管理、禪的個人修持，都與這一系列的書籍出版有關。

後來我將關注焦點轉移到教育和親職，相關作品提醒為師為親者應注意到心理健康、學生輔導、情緒教育等，對教育界也產生廣泛的影響。教師的愛被視為是一種能力，親職技巧受到更多重視，我的書符合了大家的需要，並受到肯定，例如《覺・教導的智慧》一書就獲頒行政院新聞局金鼎獎。

在實務工作中，我發現心靈成長和勵志的知識，對每一個人都非常重要。於是我著手寫了好幾本這方面的作品，許多家長把這些書帶進家庭，促進親子間的和諧，並幫助年輕人心智成長；許多大學生和初踏進社會的新鮮人，都是這些書的讀者。許多民間團體和讀書會，也推薦閱讀這些作品。

唯識學是佛學中的心理學，我發現它是華人社會中很好的諮商心理學。不過原典艱澀難懂，於是我著手整理和解釋，融會心理學的知識，變成一套唯識心理學系列。此外，禪與諮商輔導亦有密切的關係，我把它整理為禪式諮商，兼具理論基礎和實用價值，對於現代人的憂鬱、焦慮和暴力，有良好的對治效果。目前禪與唯識，在心理諮商與輔導的應用面，不只台灣和大陸在蓬勃發展，全世界華人社會也用得普遍。每年我要在國內外，作許多場次的研習和演講，正是這個趨勢的寫照。

二十年來我在寫作上的靈感和素材源源不絕，是因為關心現代人生活的適應問題和心理健康。我從事心理諮商的研究和實務工作超過三十年，個案從兒童青少年到青壯年及老年都有；類別包括心理調適、生涯、婚姻諮商等，我也參與臨終諮商及安寧病房的推動工作。對於人類心靈生活的興趣，源自個人的關心；當我晤談的個案越多，對心理和心靈的調適，領會也越深。

我的生涯歷練相當豐富。年少時家境窮困，為了謀生而打工務農，當過建築工、水果販、小批發商、大批發商。經濟能力稍好，才有機會念大學。後來我當過中學老師，在大學任教多年，擔任過簡任公務員，也負責主管全國各級學校訓輔工作多年，實務上有許多的磨練。

我很感恩母親，從小鼓勵我上進，教我去做生意營生。她在我七歲時，就帶我入佛門學佛，讓我有機會接觸佛法，接近諸山長老和高僧，打下良好的佛學根柢。我也很感恩許多長輩，給我機會參與國家科技推動工作長達十餘年，從而了解社會、經濟、文化和心理特質，是個人心靈生活的關鍵因素。如果我觀察個案的眼光稍稍開闊一些，助人的技巧稍微靈活一點，都是因為這些歷練所賜。在寫作時，每一本書的視野，也變得寬博和活潑實用。

現在我已過耳順之年，但還是對於二十餘年前受重傷所發的心願，珍惜和努力不已。希望在有生之年，還有更多精神力從事這方面的研究和寫作。寫作、助人及以書度人，是我生命意義中很重要的一部分，我會法喜充滿地繼續工作下去。

教導孩子成材

目錄

總序／我的創作歷程

自序／把握親職新知，啟發孩子潛能

1 每個孩子都能成材……17

2 教導上的前車之鑑……26

3 澄清教養的迷思……36

4 當心流行的觀念……45

5 面對真實的態度……54

6 發展大腦功能……64

7 關鍵的心理素質……73

8 樂觀的思考模式……83

9 優質的家庭教育……93

10 化導孩子的叛逆……103
11 注重情緒陶冶……113
12 心理生活的紀律……123
13 維護心理健康……133
14 防範虛擬人格作祟……143
15 實現快樂的生活……152
16 提高學習效能……163
17 當孩子生涯的領航人……172
18 強化品格的陶冶……181
19 經營學習型家庭……191
20 輔導偏差行為……201
21 親子溝通的要領……212
22 性別平等的教養……222

自序

把握親職新知，啓發孩子潛能

這是一本陳述有效教育子女、引導孩子成材的書。

我從事心理諮商研究，以及輔導與助人的工作已有許多年，我最先著手耕耘的，是有關兒童、青少年的部分，後來才逐漸拓展到婚姻、生涯、臨終及安寧照護。在工作中，我看清了整個人生的發展，也看清生命過程中每一個階段的困境和突破之道。

這本書是我多年來，研究、觀察青少年心智發展的心得。書中記述了父母的愛與熱情，也道出錯誤的愛所造成的災難和不幸。我知道愛不是縱容孩子，而是教給孩子一套生活下去的工具；我知道自由誠然可貴，但實務經驗告訴我，失去自律的責任，就等於失去自由，失去生命力；我體驗到權威的教導，不能帶動孩子的主動性和創意，但也發現父母如果放棄權威，就無法發揮教導的影響力。我學到一個教訓：教導的智慧不是討論權威與自由孰對，也不是兒童本位和成人本位的教法孰優，更不是創意與記憶何者正確，如果採取靠邊站，而不懂得圓融不同的觀點，子女的教育就會產生偏頗。你必須以智慧去揉合兩邊，以巧妙的創意活潑運用，才能把孩子教好。

學者專家的工作，在於研究、比較哪一種教導方法較優；然而父母是教導的實施者，必須靈活調配，因才施教，才能教好孩子。因為每一種教育方法都有其優缺點，因此廣博的學習教育新知，巧妙地交替應用，是教育子女成材的關鍵。

這本書蒐集了許多教育新知，也陳述了目前教育上流行的觀念，提醒你做審慎的運用，並記取別人教導孩子的前車之鑑，構思自己有效教育子女的良方。

我接過成千上萬個個案，看清生命成長過程中的負面因素；我也親臨討教過成功者的說法，觀察其心力和智慧的表現，從而了解成功人生的要素。我寫這本書，不是只看準如何提高孩子的成績，或考取明星學校，而是以教導孩子成材，作為親職的至高目標。

而所謂教導孩子成材，並不是為了獲取功利，而是去實現生命的意義與價值；不是要孩子去佔有財富和提升社經地位，而是展現才華，過幸福成功的人生。

每個孩子的性向和潛能都各不相同，父母不宜拿孩子跟別人比較，更不宜藉孩子來實現自己的人生目標。每個孩子都有天賦，都能實現其人生，因此孩子只有在了解自己、接納自己和實現自己時，才可能締造幸福和一展長才。

這本書不僅著眼於澄清教育子女的觀念，也致力於提供寶貴的教育新知。例如發展大腦功能、培養關鍵性的心理素質、樂觀的思考模式、提高學習的效能等等，同時也討論許多防範教導失誤的方法，例如防範虛擬人格作祟、輔導偏差行為等等。我相信，它能帶給二十一世紀的父母們，發展出自己一套有創意、有效能的教育方法。

讀這本書不但可以提升教育子女的效能，同時也能從中自我反省，促進自己的心理健康和自我實現。這本書呈現實用的教導處方，也蘊涵著親職和人生的智慧，我相信讀者能從中得到寶貴的新知，並帶動子女的成長和幸福。

最近我和許多為人父母者晤談，發現孩子心智成長的障礙，多半來自錯誤的愛，包括：

1. 過度的照顧與溺愛，缺乏在生活中培養責任感和待人接物的正確態度，以致生活能力缺乏。
2. 負面的指責多，說教過於頻繁，造成孩子自尊低落，影響其信心和主動性的發展。

3. 缺乏生活的樂趣，用太多物質來討孩子歡心，安排太多旅遊和享受，使孩子無法創造快樂。

4. 抱持完美主義、甲等主義、功利主義和升學第一的觀念，孩子承受過大的心理壓力，憂鬱特質升高。

5. 想藉著孩子實現自己的人生目標，帶來緊張關係，甚至影響孩子的生涯選擇。

錯誤的愛以及偏差的教育觀念，不但不能教導孩子成材，甚至會帶來許多衝突和造成孩子的心理困擾。因此本書不但為父母澄清教育子女的觀念，也分享正確的教導技巧，並帶給父母樂觀、信心和睿智，透過締造學習型家庭及自然學習法，將孩子帶向光明和幸福的前景。

1

每個孩子都能成材

父母親都希望孩子能成材，期待他們表現出色，成績優異，禮貌懂事，順利通過種種考試，有著光明的前途。其實只要教導得宜，每個孩子都會成材的。

孩子從學習、成長到成材，能獨立負起生活和工作的責任，而獲得成功和成就，這固然是父母親所期望的事，但我們也要認清，每個孩子的天賦不同，學習的方式互異，成長的環境也彼此不同，所以每個孩子的優點和特質都不一樣。既然不一樣，就不能拿孩子跟別人比較，不能用同一種目標和標準來期許他們。要讓孩子成材，就得用父母的慧眼去欣賞和肯定他的優點，擴充他的信心，延伸學習的範圍，給他茁壯的機會。

成材的關鍵

成材是指每一個孩子都能運用自己的才華、潛能和性向，接納自己，歡喜實現其潛能，發展成功的人生。

每一個人都可以成材，都能用他自己的特質去學習、成長和茁壯，去展現獨一無二的人生。所以父母親不宜用比較的心思教導孩子，拿孩子的成績和表現去跟別的孩子做比較，這只會帶來不必要的焦慮，抑制學習種種學問的興趣。而孩子們都應該在學習中展現好奇、試探和思考，從而發展興趣、信心、勤奮和主動性，這樣孩子就能開展潛能，自然也就能成材。

競爭是現代人必然要面對的事實。即使在教育園地裡，兒童和青少年也不能免除競爭。但競爭只是競爭，不能讓它與丟臉、懼怕和自卑掛勾，否則失敗和挫折就會砸毀信心，破壞自我認同。批改作業和評閱考卷的正誤，是為了幫助孩子有效學習，而不是在「品評人的高下」。把握這個原則，就能維護孩子的心理健康。孩子將來是否能成材，是靠他的主動性、正確的學習方法和態度，以及心理健康等因素共同發展出來的。

許多教育方面的追蹤研究都指出，孩子的智商和成績表現傑出，並不保證他一定會有好的成就，或擁有幸福成功的人生。人生的成敗，還有許多其他決定性的因素，例如健康、情緒、品格、人際互動等，對孩子的未來都具有關鍵性的影響力。

從工作與研究中，我有較多機會對人生做全程的了解與觀察，而我的人生歷練也很多樣化，除了少年務農之外，做過建築工、水果販和大批發。另外，我有很豐富的學術和行政閱歷，從事教育、科學和文化的工作，因此有許多機會觀察失敗和性格偏差的人，看出失敗的成因；也有許多機會欣賞和分析傑出的人，看到成功者的特質。我發現要培養孩子成材，絕非只靠成績和才藝，真正的核心課題是一個人身心靈的健全發展。

壯碩的心力

許多孩子成績很好，學習力強，但父母師長卻因求好心切，在不知不覺中教給孩子「懼怕失敗」的心結。心理學研究告訴我們，懼怕是衍生成焦慮症候群的元凶。焦慮具有轉移性，它慢慢擴大開來，而把一個人困住，不但會抑制潛能和美好的才華，在情緒上也變得畏懼和不安。我看過不少在學校裡成績優異的學生，因為焦慮不安，懼怕失敗，害怕人際交流，後來在職場上無法勝任愉快，因此不能順利地走出自己的一片天，而落得抑鬱沮喪。

我也看過有些孩子，在中小學時成績傑出，但長期孤軍奮鬥，得不到人際交流的社會支持。在中學以前，他們因為成績出色，許多同學找他請教，和他保持來往，因此用漂亮的成績還可以維持自尊。但這些缺乏主動人際互動的兒童或青少年，一旦考上第一志願，周邊的同學都是一流的佼佼者，他不與人往來，別人也少和他來往，學習的交流及友誼的溫暖便會驟然減少。然而，人的學習大部分是從伙伴互相討論中得來的，這個單打獨鬥的人，開始嘗到敗績的壓力，情緒上又得不到紓解，因此壓力大增，終而陷入困境與痛苦。

在實務工作中，也不難發現高學歷的人，雖然具備專業的能力，但他們的人際適應不良，或者情緒不健康，經常陷入紛擾而愁眉苦臉，甚至連婚姻和自身的社會功能都賠了進去。他們的生涯得不到應有的發展，真是可惜。

所以為人父母者不應把孩子成材的定義，局限在只有學業成績、名校和才藝上，要注意孩子完整心力的陶冶和培養，這也是我寫這本書的原因。

不過，我的意思並不是說不要重視課業的成就，更不是要你忽視孩子的學業，而是由衷的指出，教導孩子要重視全人發展，要培養孩子的壯碩心力。

堅毅與耐力

此外，父母無須對高智商或者資優生做過度的聯想或幻想。高智商或資優是對某一領域有特殊的學習力和領悟力，而發掘資優生，是為了幫助他發展其特殊的才華，但更重要的是，協助和輔導他發展其心理適應。因為他們生活在與一般人不太相同的情境中，受到比較多的讚美，也承受更多別人的期待和壓力。

許多心理學的追蹤研究指出，高智商和資優生後來的發展，並沒有比一般人更有成就或更成功。一九二一年心理學家路易士・特門（Lewis Terman）發展出兒童智力測驗，施測後建檔並追蹤資賦優異的孩子。後來他逝世了，其同僚繼續追蹤了五十餘年，結果發現這些資優生的成就與一般人並沒什麼差別：有很有成就的專業人員、科學家和學者，也有沒沒無聞的普通人，甚至有非技術工人和遊民，其表現與一般人大致上並無顯著差異。這項追蹤研究並指出，一個人願意把心力奉獻在所做的事情上，負起責任，持續的學習和成長，則是獲得傑出成就的主要原因。

專注和鍥而不捨的堅毅，是個人獲得成功的重要心力。芝加哥大學教授班哲明・布魯姆（Benjamin Bloom）追蹤有傑出成就的美國人，發現他們共同的特質是具有鍥而不捨的專注和耐力；這些人從投注於所做的工作，到他們獲得傑出成就獎為止，平均花了十七年。在科學研究和創意工作方面，耐性和挫折容忍力也被認為是成功的重要心力，而這些能力都是從日常生活中培養出來的，並非來自天賦。

良好性格特質

孩子要在未來成材，並不單單是成績卓越，或發展他的特殊天賦，而是必須同時陶冶其性格特質。茲歸納最重要的素質如次：

1. 信心和健康的自尊（healthy self-esteem）：這要從欣賞其成就，鼓勵並協助其獲得成功的經驗這兩方面做起。
2. 主動性和勤奮：透過信心與興趣的培養，促進孩子為興趣和好奇做快樂的學習，而不是強制其與別人一爭高下，造成焦慮。
3. 思考和創意能力：透過科學的思考和訓練，發展其求真的精神和創造力。
4. 良好的情緒習慣：培養樂觀和安定的情緒，並避免將懼怕、悲傷和敵意的情緒，施加到孩子身上。
5. 豐富的生活教育：透過生活經驗，教導其禮貌、誠實、愛人、孝順等品格，並培養他負責和承擔的生活態度。

6. 正確的人生觀與價值觀：透過信仰、家族活動和社區參與，發展光明積極的價值觀，並領會生命的意義與價值。

這些寶貴的心力，是從家庭、學校和社會中學習得來的，因此，培養這些心理素質，一定要透過「伙伴計畫」，結合家庭、社區和學校的力量，彼此互助協調，締造陶冶的環境，才能辦得到。不過，最基礎的還是父母的態度和家庭。只要家庭的功能健全，就能培養孩子良好的心力，令孩子得以成材。

建言：不要太功利

教育孩子成材，不是建立在單一的功利價值上。每個孩子的資賦、性向和興趣各不相同，環境和因緣也不一樣，因此要配合孩子的理性因緣，協助他走出自己的人生路，踏上幸福的生活，這才是成材的真正意義。

若想教養孩子成材，就必須認清以上幾點基本觀念，把握核心的價值，踏實的陶治和教化，千萬不要逞一時之快，拿孩子與別人較量。

教養孩子成材，不是誘導他去實現父母未能實現的目標，更不是要他遂行父母心目中理想的職業，而是培養其多方面壯碩的心力，去開展他的潛能和才華。

儘管每個孩子的性向和才華各不相同，但他們都是平等的，都需要父母予以尊重和肯定。凡是受到教導、肯定、啟發和愛護的孩子，悉皆成材，因為他們都能走出成功的人生，都會發現自己的幸福。

你想要孩子成材嗎?請掌握以上簡單的要領，用有能力的愛去培養孩子，相信你和孩子都將會獲致豐碩的成果。

2 教導上的前車之鑑

教導孩子成材除了要有正確的方法和觀念，也要懂得避免錯誤，勇於改進。如果能以別人的失敗為殷鑑，從中汲取教訓，改正失誤，就能把孩子教好。

在教育子女的過程中，大部分的錯誤是在不自覺的狀況下所犯的，日積月累，沒有覺察，久之就會把孩子教偏了。我常常看到一些父母親，照顧孩子過度，明明搭乘公車只需幾站就可以到學校，卻從小學到高中都在接送，孩子養成依賴習慣不說，在孩子的意識裡，連上學都是父母的責任。像這樣，孩子的責任感就沒有得到應有的發展，變得依賴和被動，甚至到了大學畢業，還無法獨立面對職場上的生活。

許多前來尋求協助的父母親，孩子已經長大，甚至成年了，然而他們卻眼見子女人際障礙、逃避責任、需索用錢無度、頹廢不肯就業、情緒困擾、投機犯罪或自暴自棄等等，而他們的痛苦和牽掛，絕非你所能想像。以下，簡要整理出他們教養子女的歷程，作為大家的借鏡。

家庭功能薄弱

孩子的先天就是家庭，他們未來的幸福和活力，就建立在家庭的功能上。孩提時代與親人有親密的連結，受到照顧和關懷的人，其安全感和信心較強，也較樂觀。其次是遊戲，它是個人喜樂情緒的基礎，個人的活力是從這裡孕育出來的。其三是練習和學習，從遊戲中延伸發展出各類的學習，讓孩子帶著好奇，試探並開展其認知的活動和能力。其四是精熟，從而發展更好的動機和信心。其五是認同，它發展出與別人的相屬感。心理學家愛德華・哈洛威（Edward M. Hallowell）把這五項功能，列為幫助孩子創造一生幸福的五個步驟。

家庭一旦失去這些功能，孩子的心智和情緒就得不到滋潤和養料，難以壯碩地發展與成長。因此，夫妻彼此仇視、冷漠、沒有歡笑和遊戲的家庭，很難為孩子建構幸福的基礎。缺乏練習、紀律和學習指引的孩子，其思考和學習動機也就發展不出來。至於在精熟方面，父母若未能給予肯定和欣賞，就很難發展信心、認同和相屬感。

冷漠缺乏朋友的孩子，很難寄望他能與人合作學習、獲得人際溫暖。孩子的人際智慧根基，是打在健全的家庭功能上，因此我發現，敵意很強的孩子，大部分都是缺乏愛的連結所造成的。從諸多個案的分析回溯中，我也發現，那些不會遊戲，生活過於嚴肅、僵化，以致造成人際障礙的人，都可以找到原生家庭抑制其遊戲的痕跡，以及遊戲的罪惡感。

不會遊戲又不快樂的人，有較多依賴藥物和酗酒的現象；缺乏信心和主動學習的人，容易退縮和作繭自縛。也就是說，心理不健康的人，無論表現於情緒或行為違常，都與家庭功能有關。

犯罪學研究指出，非行少年大部分肇因於家庭因素。而學校中輟生的追蹤，更指出家庭是首要原因，其中又以破碎家庭、隔代教養、疏忽子女的養育者居多。

想教養孩子成材，必須記取家庭功能薄弱的前車之鑑，締造健全的家庭，發揮愛的連結，保持正當遊戲的喜好，練習和學習多方面的能力與品德，透過精熟和良好的表現，促進孩子自我認可和相屬的安全感。這是教養的第一要務。

強迫學習

強迫孩子學習，無論採取友善的填鴨，或出自急功近利的強制，都會帶來惡果。學習是漸進的，對於幼兒而言，父母以自然接觸、從旁解釋或旁白，教導孩子學會基本語言的應用和思考，漸漸及於文字、書寫和電腦的應用。孩子從日常實用的接觸，到熟習之後的主動、好奇和試探，便是形成學習的動態性心力。

站在現有的認知結構，去看所要學習的事物，這是人之常情。因此，孩子學習時的程度，是決定他思考過程中順化和同化的重要關鍵。順化是延伸已有的程度，去試探新的認知，或引發解決問題的能力；同化是把獲得的經驗，融入自己的思考結構，成為新的學習能力。因此學習首重興趣的培養，尤其更該重視學習過程中，成功經驗的喜樂和分享。

強迫學習往往透過恐嚇、威脅和懼怕，強要孩子學習或獲得好的成績，於是產生緊張和焦慮。這時他的認知和創意會被抑制，而妨礙其有效的學習。

許多孩子因為接受過多的強迫學習，情緒上累積相當程度的懼怕和悲傷，從而發展出懼學症、厭學症或憂鬱症。罹患這些類型疾病的孩子，學習剛開始的成績都還不錯，因為父母往往運用許多誘因激發他努力，而表現出不錯的成績。但是由於他們沒有培養興趣、主動探索和實力，卻又帶著沉重的壓力，如怕失敗、怕丟臉、怕沒有考好等，而造成某種程度的心理困擾。

孩子的學習一旦與焦慮或憂鬱結合在一起，在考試或作業時就會有額外的壓力。它會壓垮孩子，甚至讓他們想逃避學習，或者引發心身症，而不能正常開心的上學。子女一旦有了這方面的困擾，要想快樂學習就變得非常困難，甚至連正常的上學或完成學業都變得不可能。

這類懼學或焦慮的誘發，除了功課的因素之外，也有可能在愛、人際、情面等方面受挫折而產生。不過一般來說，強迫學習、要求好成績、期待要贏過別人否則就沒意義等，才是最主要的原因。

這種困擾有發生在國小時期，也有發生在國高中，甚至延續到大學。這些孩子的學校生活過得非常艱苦，甚至於想盡辦法逃學或中輟，即使完成大學學業，他們在職場的適應力也會相對低落。這是第二個前車之鑑。

缺乏自律

每個人都需要有良好的生活紀律。紀律即是待人接物的好習慣，如果好習慣遠多於壞習慣，那他就會成功，生活也比較幸福；反之，若壞習慣遠多於好習慣，那他的健康、工作和生活便會受到威脅。所以，自律不足的人，往往是不幸和挫敗的。

讓孩子養成良好的自律，這是必須的。他們要有好的自我控制（self control），有良好的學習、生活、飲食、人際、情緒和思考的習慣，這部分不但影響孩子的未來前途，也即刻影響其學校的學業成就和人際關係。

自律差的孩子，將來可能成為卡奴，無法控制自己的金錢和消費行為。也有可能生活散漫，不能維持正常的作息和生活。誰都不希望自己的子女是一位缺乏自律、沒有品格素養的人。

缺乏品行和自律的人，不斷與家人衝突，挑戰正常作息的規範，甚至違背健康生活所必要的常規。我就看過有些孩子對父母不尊重，對於社會規範或校規視若無睹，最後造成無法收拾的殘局。一位長期受寵的女生，起先是晚歸，交友複雜，最後索性徹夜不歸，直到懷孕超過六個月，必須面對生產的問題時，才告知父母親。這是多麼棘手的難題啊，多麼令父母傷感和心碎。父母不可不記取缺乏紀律的前車之鑑。

紀律便是好習慣，是每個孩子都該學的，它使孩子有禮貌，表現端莊，並提升自我功能。然而，有許多父母親因為過於溺愛子女，疏於訓練孩子建立應有的生活和工作紀律，到頭來總是悲傷和失望。

紀律常表現在自我控制上。孩子能控制金錢和消費行為，將來就能生活得安穩富裕；能控制時間、情緒和感情，就有幸福的日子好過。然而，時下有許多人放任孩子自由，給予太多任意，結果好習慣沒有養成，壞習氣卻不斷累積，最後連最起碼的生活作息都亂掉了。

現實生活是解決困難的歷程，你得有一套工具，才能有效面對種種挑戰。給孩子一套生活、工作、學習、待人和健康的紀律，無異是給他幸福的保障，而疏於培養孩子紀律的父母，大部分都要懊悔的。

不能接納自己

每個人都必須用自己手中的資糧去生活，而人生的智慧，就表現在怎麼使用它。因此，孩子必須接納他自己的本質，好好經營它、發揮它，這就是人生的無盡藏，取之不盡，用之不竭。如果你能教育孩子了解自己，接納自己，實現自己，孩子就能成功和幸福。

可是，有許多父母總是批評孩子，說這兒不好，道那兒好；仰慕別人的好，以此來貶抑自己的孩子。久而久之，孩子相信自己不好，不如別人，因此瞧不起自己，於是自暴自棄，走了歪路。每個人注定要用自己的根性因緣，走出自己的人生路，而一旦他不喜歡自己時，又怎麼能實現其人生呢？

所以父母應該要了解自己的孩子，欣賞他，肯定他，鼓勵他用自己手上的彩料，創造出最美麗的圖畫。不過，在我的實務經驗中，卻發現許多孩子得不到欣賞，得不到肯定和支持，於是孩子成了自尊低落、不能自我肯定的人。他們自信心差，肯定性不足，沒有勇氣用手上的素材闖出自己的人生。他們活得抑鬱，抬不起頭來。父母不可不以此為殷鑑。

我看到許多像這樣抑鬱的孩子，他們走不出去，不敢主動嘗試，在職場上也是這兒試一下，那兒碰一下，像驚弓之鳥一樣，換來換去的，永遠安定不下來，人生的前程一片灰暗。因此我要提醒所有父母親，如果要讓孩子成材，便要記得接納他，用他能做的事來建構信心，用他的成功經驗來支持他，溫暖他，自然能拓展好的未來。

建言：用對的方法做對的事

孩子的身心健康最為重要，失去了它，即便有再好的才藝和成績，都變得沒有價值。我們已從上述前車之鑑中看出端倪。因此父母親不但要期待孩子上進，協助他成長，更需要把握全人教育的理念。

前述所歸納的這些殷鑑，提醒父母要特別注意提升家庭功能，避免強迫學習，培養孩子自律的好習慣，以及欣賞孩子的優點，透過這些啟示，必能教導孩子成材。

教導子女的要領很簡單，那就是用對的方法去做對的事，孩子自然走向幸福和光明。

3 澄清教養的迷思

照顧子女，教養孩子，需要有能力的愛。它能給孩子喜樂、遊戲、訓練、學習、啟發和成就感，從而發展自我認同，締造穩固健全的人格。

愛的本質是給予，但要正確的給予。過度的保護就變成溺愛，這會使孩子怯於面對困難；過度的疼寵就會變得驕縱、依賴習氣太強，將來可能缺乏獨立性的決斷力；而過度的嚴格和權威，則會養成拘謹僵化的性格；經常處於兇暴、責難和譏諷之中，孩子的情緒就會變得不安。

教育子女的拿捏，要分寸恰當，凡事過猶不及，因此要避免極端的想法和作法。自由放任與嚴格管教是兩個極端，民主與權威也是相對的想法，訓練和啟發更是不同的觀點。這些方法端視使用者巧妙的運用，而不是哪一種對、哪一種錯的極端選擇。靈巧的融會運用，就可創造教化子女的優質成果。

經由長期的研究觀察，發現許多父母親因為求好心切，偏執於某種信念，卻缺乏正確的教養新知，因而造成教養上的偏差。

過度照顧孩子

孩子當然需要照顧，而且不同年齡的孩子，照顧的方法和內容也不一樣。不過父母親要認清一件事：不能因為照顧而剝奪孩子主動、試探和好奇的心智發展。照顧也不能過度，而阻礙其發展責任和能力。

適當的照顧是提供孩子基本需要，協助他辦不到的事，讓孩子得以順利成長，獲得健康、快樂和必須具備的能力。然而，有些人卻把照顧擴大到替孩子生活，服侍孩子，討好孩子，以致孩子對父母頤指氣使。當孩子成為家庭的中心時，父母的教育功能就會遞減，造成家庭教育的潰敗。因為父母親是子女心中的公權力，公權力不彰，整個社會環境就會不變。

一位母親對我說：「我的孩子已經國小五年級了，洗完澡還要我幫他穿衣服，即使是寒冷的冬天，還是站在那裡，要我為他穿上衣服。如果不照做，受寒生病，還是要父母負責，請問該怎麼辦？」

我問他：「什麼原因導致這種境況？你能回顧往事，尋找可能原因嗎？」她沉思了半晌，說：「也許是我對他的照顧太無微不至了，把所有的事攬在身上。可是如果不這麼做，我自己也不放心。事實上，我正處於不照顧他心有不安，要照顧他卻又心有不甘的情況，因為他已經長大了。我該怎麼辦才好呢？」

我說：「只要他能做的，就該交給他自己做。篤定的宣示，穿衣服是他的責任。妳要堅持，耐心的鼓勵他自己穿衣服。他做到了，就要表示欣賞或鼓勵，以增強其正確的行為。他不肯照做，你就協助他，但還是要讓他自己完成該做的事。」

經由多年來的實務觀察，我發現過度照顧孩子，會造成孩子不負責、信心不足、依賴與退卻的情況。時日既久，孩子在現實生活中的適應能力就會越來越差，挫折和困擾隨之增加，非理性或不講理的狀況就會漸漸嚴重起來。

服侍和討好孩子，即使是出自善良的動機，也應該避免。因為過多的照顧，只會導致怯弱和無能。那些逃避現實，依賴性強，乃至遊手好閒的人，往往是受到過度照顧的結果。

讀書高於一切

孩子有令人眩目的學業成績，獲得明星學校的文憑，並不保證他對充滿挑戰性的人生，便有了十足的把握。父母若過度重視成績，卻疏於對孩子待人接物、品德和社會能力的調教，等到性格定型後，才發現行為偏差或適應困難時，想要補救便為時已晚了。

我們的社會一向過度注重功利價值，以致疏忽人文的素養，這種概念最多只能有利於就業，但未必能照顧到生涯發展、心理健康和營造幸福的能力。我們迷信升學主義，疏忽考試以外那些對於工作和生活都很重要的能力和態度，諸如興趣的培養、情感的陶冶、責任感的孕育等，都是因為我們強調贏的文化，要比別人優秀，賽過別人的關係。但在強烈競爭中，孩子卻處得焦慮，或為自己的失敗而憂鬱。

因為社會功利觀念過強，升學的單一導向和強烈的競爭態度，讓不少父母親忽略培育子女生活和工作的真本事。為了彌補這塊制度上的缺陷，教育系統的專家因此提出推甄的方式，鼓勵孩子多元發展，培養實作的能力。可是這個美意又被多元才藝的填鴨補習給抹煞了。這些升學化的才藝，甚少能發展出孩子多元的智慧，和未來面對人生所必備的能力。

過度的強調升學，已打開了一個全新的局面。現在高等教育錄取率之高，幾乎人人都可以念大學、學院和專科學校，但這樣做除了增加很多培育子女的成本外，卻也造就了高不成低不就的新族群。這又是一個新的難題。

讀書受教育固然重要，但如果從小疏於培養勤奮、負責和勇於任事的精神，孩子長大後，在適應成人生活上就有較多的困難。另一方面，倘若疏於情緒的陶冶，欠缺人際交流和溫暖，那要適應今天複雜的社會情境，困難就更為劇烈。

孩子的學習和成長，除了學業成績之外，他的品德、情緒、人際、感情和勇於任事等等，都要融入家庭生活中，自然地培養和陶冶。帶領孩子一起做家事，一起研究功課，甚至參與父母親的工作，都能讓孩子學會現實生活中待人接物的能力。

人生中最基本的價值觀、生活態度和最有用的心力，其養成都來自青少年以前，而且家庭是個人成長的主要地方。所以，請在日常生活中為孩子示範陶冶和力行，這些寶貴的能力不是用訓誡得來的，而是在現實情境中，吸收有益的養料所結成的。

教導觀念失準

父母對於教育子女的看法，無論在著眼點、教導的方法、管教的尺度上，都各有不同。有些人著眼於自由的思想，給孩子充分的自由試探，或採取非指導式的學習；他們相信孩子天生就有主動學習的動力。這種新穎的方法，的確有其價值，因為孩子在自由的氣氛下，確能學習自我指導，心情也比較自在，從而發展生活的創意。也有人抱持精粹主義，要把最根本、最精要的知識和價值、品德，直接教給孩子，把孩子的基礎打好，步步為營，讓孩子的學業成就提高，品行良好，認為這樣就能站在良好的基礎上，開展美好的未來。

教導孩子是一門講求實用的學問，偏於自由開放或嚴守精粹觀念，同樣都會面臨困境。教育是一個複雜的歷程，在觀念上若過度簡化為二選一，選擇其中之一認為它是對的，而完全否定另一個理念，就會捨棄另一觀念中寶貴的思想，於是造成教育的偏頗，或者教導上的缺陷。

我們很容易陷入非此則彼的二分法觀念，一旦如此，就會失去活潑運用各種教導方法的機會，使教育變得偏差和拘泥，從而陷入困難。於是，過度自由開放的方式，所教導出來的孩子，易於放縱不羈，產生行為失檢的情形，甚至不自律和自我控制顯得薄弱；學業成就因為缺乏督促，而變得不如理想，從而缺乏應有的成功經驗，無法建立穩固的信心和自我認同。

而那些採取精粹訓練的孩子，由於被動和過度的練習，看起來好像飽學之士，但卻缺乏自由探討、好奇和創意思考。抱持精粹主義的人，過度迷信嚴管勤教，在緊迫的催促下，孩子容易產生焦慮；尤其是在嚴格的標準檢驗下，孩子得不到成就感，反而變得憂鬱。

自由開放與精粹訓練各有千秋，也各有其缺點，因此父母要了解：教育應該是如何有效運用各種方法，而不是執著在這一派或是那一派。心理學家梅爾・李文（Mel Levine）在他的新作《準備好了沒》（*Ready or Not, Here Life Comes*）一書中，提到正確整合（right mixes）的觀念。他告訴我們，一些看來相對的觀念，其實是可以整合起來做活潑的運用，例如獎勵與批評，紀律與自由，父母指導與自我指導，自由與約制，休閒與工作，個人誘因與團體活動，現在與未來，身體與心靈等等，都可以透過靈活整合、巧妙運用，而非互相排斥的對立觀念。

不要陷入對立性的思考，及其所引發的偏頗；要用智慧做正確的整合，活潑的運用。理念的矛盾和對立，讓研究人員去各說各話，至於對實用者而言，巧妙的整合應用才是重點，不要陷入對立性的邊見，才能把孩子教好。

我們要相信中庸的真理，中庸不是左右為難，不是站在中間不知所措，而是以創意活潑的運用各種觀念和能力，把孩子教育成材。執著於一邊的「邊見」，是不容易把孩子帶好的。

建言：不再抱持僵化的觀念

教育子女最嚴重的迷思，就是僵化和一廂情願的想法。父母一旦用刻板的觀念去形塑孩子的意識和性格，就會壓抑其活潑的創意。因此，父母要避免僵化的想法，以免孩子變得刻板、失去活潑的創意。什麼叫僵化的想法？隨手拈來，最常聽到的是：功課不要太多；教學要嚴格；重視探索，不要強調記誦；要以兒童為重心，而不是以成人為重心；放棄權威，保持自由；不可以嚴格要求等等。請想想看，如果孩子用這種絕對的觀念進行教化和訓練，他們會有好的發展和成長嗎？答案當然是否定的。所以父母必須澄清教導的錯誤觀念和過失，才能找到有效教育子女的正途。

4

當心流行的觀念

生活在市場經濟的文化下，趕流行、追時尚，已是現代人共同的社會性格。即使最不喜歡追趕流行的人，其意識中仍然存在著某些流行的價值觀念。人無法脫離社會單獨生活，因此社會上共同流行的許多觀念，就會耳濡目染地影響你。它就像催眠一樣，讓你在毫無警覺下，接受流行價值的暗示。

我們應該警覺，所謂流行只是一時的看法，而非長久的價值觀念。當教育上拿流行的觀念來替代永恆的價值時，價值系統就會不穩定，社會因而變得擾攘不安，個人也會浮躁而覺得無根，生活頓失依靠。比如時下流行要給孩子許多安逸和享受，要安排許多國內外旅遊，要以孩子為中心，處處順著孩子的需要做安排，但是孩子像這樣被縱容、寵幸的結果，則是生活抱負水準提升，挫折容忍力卻不足，從而造成個人人生的挫敗。

近年來，由於父母對孩子處處寵愛，疏於責任感的培養，所養育出來的孩子變得更不懂得孝養父母。親子之間的情誼和締結，本是永恆的價值，但這個部分顯然已被多數人給淡忘了。流行討好孩子，以孩子為生活中心，卻造成孩子的頤指氣使，或生活的無能，這絕對不是父母想要的結果。

眼前流行的價值觀，有待澄清和思考的，包括自我發展、功利主義、想做什麼就做什麼等等，這些觀念對孩子未必都是好的，必須加以釐清，謹慎運用。

自我的發展

每個人都得用他的天賦和才能，拓展其人生，做一個有用的人。這是教育上公認的信念，也是人生的指導原則。既然每個人的能力都不相同，學習的方式各異，就得承認每個人的自我價值，所以教導孩子接納自己、了解自己和實現自己是正確的。

然而這個觀念漸漸被擴大，變成自我中心。孩子們在學習珍愛自己、相信自己、忠於自己，好走出他的人生路的同時，父母親過度陷入兒童本位的教育態度，讓孩子只想到自己的需要，而沒有發展出了解別人立場和客觀的現實。

只想到自己的需要，便容易造成敵意。孩子想做的事一旦受到限制，所要求的事父母無法做到，就會怨恨父母，引發憤怒和敵意，為此向父母怒吼，或強烈頂撞。追根究柢，這是孩子的自我價值扭曲成自我中心所惹的禍，它的關鍵是過度寵愛，讓孩子予取予求所造成的。

自我中心的意識一旦牢固，凡事容易從個我化去想，而如果孩子的自卑感太強，或者有了悲觀的思考方式，當他在碰到挫折時，便容易產生沮喪和無助的心情，這樣的心境很容易造成憂鬱。近年來的統計顯示，青少年有憂鬱特質的約佔三分之一，罹患憂鬱症的人高達百分之九，這是相當值得重視的現象。

自我中心越強，自己要求越高，懼怕失敗的情緒也越強，因此，自我中心傾向的孩子，心理壓力大，容易產生焦慮的情緒狀況。這些孩子長大之後，在工作和生活方面都承受較多的焦慮，而且容易衍生成焦慮症候群。因此，父母親固然要重視孩子自我實現的價值，但千萬不要讓孩子養成自我中心的習氣。

教導孩子助人，與家人或同學共同合作完成作業，學習承擔起責任，多給孩子成功的經驗等等，都能幫助孩子打開自我中心的小視野，發展其自我延伸，從而培養友愛、合作和良好的人際關係。

功利的價值

教育上所流行的另一個價值，就是功利主義。生活在今天這個經濟生活體系下，功利價值已經成為思考和判斷的依據。功利是指利益、效益、權力和影響力等這些可以計價的東西。我們既然生活在市場經濟裡，就得獲取某些東西來跟別人對價交換，取得生活所需，於是功利的價值與豐富的所得，便有著緊密的關係。在獲取功利的同時，還希望囤積越多越好。

功利價值與慾望之無盡，結合衍生成一種匱乏感。它催迫著每一個人不斷的追逐和囤積，好像不這麼做就會有危險似的。這種價值觀一旦被移植到教育領域，教育就失去原來百年樹人的本質，而變成一個競技場，希望從中獲得功利，而不是得到啟發，發展潛能，學習快樂的生活和工作。

父母親用功利的眼光來看孩子的教育，就會如饑似渴地逼著孩子在分數、等第、明星學校、熱門科系上競爭，好像所有的知識、興趣、品德、喜樂和人生的意義，都被簡化到功利價值，形成強烈的競爭。

功利所導致的強烈競爭，犧牲了教育的本質，以及最根本的任務：啟發心智，追求幸福，開展喜樂的生涯。

於是孩子讀書是為了獲得好成績來回報父母；而父母在一旁加油打氣，只要把分數提高，有明星學校可以念，一切就可以忘懷。這種作法扭曲了教育的本質，以致待人處事、情感的培養、身心的健康、善群與合作，乃至品德的養成都疏忽了。像這種情況的家庭，為數還真不少。

功利價值並沒有不對，但把它擴大成唯一的價值，是眼前流行的錯誤觀念。在這種風氣中長大的孩子，即使一切順利，也只不過是一個不懂生活和不快樂的人。他們拚個不停，變成工作狂，這會是幸福的人生嗎？不幸的是，如果孩子在這個功利競技場上得不到成就，會不會變得一無所有，沮喪而振作不起來呢？

功利主義使父母的眼光放在孩子未來的成就上，而不是把眼光放在孩子的幸福和潛能的開發。這個觀點很容易犧牲孩子的性向和興趣，迫使他們往熱門的方向或科系走，從而造成孩子潛能的壓抑。

功利僅是諸多人生價值選項的一種，然而若把它擴大成人生唯一的價值時，生活就會扭曲，產生物化的現象，而造成心靈生活上的困難，及諸多人生的不幸。

父母儘管可以保有功利的想法，但還是要把孩子的身心健康、情感和情緒的正向發展，乃至品德和喜樂列入考慮，才能打造孩子幸福的未來。功利只是人生道路上的其中一個價值，並不能由它來取代一切。

浪漫的態度

自由是普世流行的價值觀念，但由於對自由的過度解讀，因而在生活上把恣情浪漫當作自由了。生活的規律和自我控制，逐漸受到忽視。

父母親太放任孩子，以致生活作息缺乏紀律，待人不懂禮貌，處世沒有規矩，卻把這樣的生活態度解釋為自由浪漫，然後把無價的自由誤解成為所欲為，一味做自己想的事，而不肯做該做的事。這就是時下年輕人高唱所謂的「只要我喜歡，有什麼不可以」。

人生是一個艱辛的歷程，要生存就得努力工作，要有本事就得學習，要獲得感情就得學會人際互動，要健康就得正常作息，並具備良好的習慣。生活和工作需要一套工具，它就是紀律。人的思考、情緒、品德和技術能力，都是由一套精細的紀律系統所構成的，孩子必須從小學會自我控制，養成生活和工作的正確習慣。

紀律既然是一套精細的思考和行為系統，它就不是用權威式的管教和嚴格訓練所逼出來的，更不是用語言說教或耳提面命所教出來的。而最根本、最重要的紀律，都是在早期生活中，透過很自然的模仿、學習而養成的。因此，家庭必須是提供學習、思考、禮貌、待人等紀律的地方。

越是缺乏紀律的孩子，越是追求浪漫，違抗紀律，他們的生活效能和適應力也就比較差。他們缺乏有效的工具，所以無法在複雜、變遷快速的社會中，正常的適應和生活，於是把抗拒紀律解釋為浪漫，然後自甘墮落下去。

請不要對孩子的教育抱持太多的浪漫，要面對真實，教給孩子必要的工具；一套有用、能解決生活與工作問題的紀律，而且要越早培養越好。

孩子的品格不是在浪漫的生活中培養出來的，而是在豐富的環境中，用父母的身教和示範，帶領孩子身體力行學來的。

我並不反對自由浪漫的價值，但從諮商輔導的實務經驗中，卻發現只有有紀律或好習慣的人，才能享有真正的自由與浪漫，否則只是隨波逐流，成為物慾的奴隸，生活無能的藉口。

建言：教養要踏實

流行的觀念往往只是一時的風潮，未必經得起長期的考驗。時下所流行的是以孩子為家庭生活的中心，結果父母卻失去教化的影響力，培養出自我中心的孩子。我們風行功利的價值，希望孩子成績傑出，有好的出路和前途，這樣的想法是很自然的，不過如果求好心切，過度使力，卻常會造成孩子情緒失常、憂鬱和焦慮的後遺症。給孩子自由與放棄權威的管教也是一種新趨勢，但若一味追求流行，疏忽了紀律和自我控制的培養，孩子可能變得無法振作，造成怠惰或隨波逐流的後果。

流行的教育觀念具有一定的影響力和說服力，因此很容易讓人照單全收。然而父母教育子女卻是一個步步為營的長期任務，你可以參考流行的觀念，但卻不能不面對真實。

5 面對真實的態度

對孩子的教育要面對真實，踏實地為孩子打好基礎，多著力培養現實生活中必要的知識和能力。這一代的小孩從生下來開始，就活在電視、網路和各種傳媒之中，讓他們誤以為藝人、企業家、政治人物所活動的場景，就是現實生活，而對自己真正要面對的事卻毫無準備，等到他該面對時，自然會覺得手足無措。

對於生活毫無準備的年輕人，在面對現實時，常會加以抗拒，逃避自己的責任，進而遊手好閒，依賴父母，找各種藉口延遲就業，賴在家中。因此，父母要積極培養孩子面對現實的能力和態度，要順勢地引導孩子體驗生活，並了解工作平等的道理，未來無論選擇任何行業，都能維持健康的自尊。我認為教育最基本的一環，就是面對真實的生活。

你不一定能把孩子教成企業家、科學家、工程師、律師、醫師等高社經地位的專業人材，但卻能依照孩子的資質和環境條件，教導孩子一步一步走向光明。你在帶領他們走向光明之前，必須認識以下事實並建立正確態度。

具備適應變遷的能力

現代社會隨著生產技術的發展，經濟生活快速變遷，不論是市場、消費行為、投資、理財等，無一不在改變。因此社會結構、就業模式、文化和生活方式，也就跟著起變化。孩子未來所要投入的社會，改變速度比現在更快，其適應能力的好壞，便是幸福生活的保障。

一般來說，每個行業都有一定的壽命，彼此的產值會因為社會變遷而有所更動。

在這樣的社會環境中，如果孩子們欠缺彈性思考，不能變通去學習新知，調整自己的腳步，就有可能面對失業的窘境。

我們既然知道適應環境的變遷，是孩子長大成人後最重要的心智能力，那麼如果能及早注意這個現實，培養孩子的多元智慧，清楚體認行業的變化，他們的適應彈性才會提升。一個生活刻板、觀念僵化的人，在行業消長之際，往往發生轉業的困難。僵化和缺乏彈性，與個人人格特質有關，而其肇因都在兒童階段，所以如果你能留意多元智慧的發展，引導孩子參觀了解各種行業，多做生涯體驗，相信對孩子的未來會有很大的幫助。

對於青少年階段的子女，父母宜鼓勵和協助他們，就興趣所及，適當的打工。這樣孩子不但可以在生涯上得到啟發，而且能培養面對工作和負起責任的勤奮態度。尤其是國中或高中畢業的假期，這樣的安排對孩子心智的成長頗有幫助。

另外，班上同學的父母職業各不相同，學校開家長會或親師座談會時，可把握機會，結合不同行業的家長，互助合作，組合起來為孩子講解各行業的酸甜苦辣和專業能力，最好能參觀現場，親身體認。像這類實用性的參訪，即使是勞力密集的非技術性工作，都值得孩子玩味、觀察和學習。至於參觀企業及生產線，對孩子則更有打開眼界、面對真實的啟發。

追求新知與成長

現代社會變遷如此快速，是由於科學新知不斷創新，從而帶動經濟、政治和文化的蓬勃發展。變遷來自新知的促動，適應變遷則更需要知識，於是在一九九〇年代，開啟了知識管理的運動。

知識管理是一種學習的革命，開啟了學習的新觀念，強調個人除基本的學識和能力之外，實用的知識和活潑的創意，是自工作和現實場景中，體驗、認知和學習得來的。我們一旦離開學校，在現實職場和生活中，所需且有用的知識只有百分之十是從書本習得的，而百分之十五從聽聞中習得，另外大部分的有用知識和創新，則是在現實場景中，用心去觀察、體會和啟發所獲得的。

所以，讓孩子在現實情境中學習，已經成為學校教育的嶄新教學方法了。家長帶領孩子，找個主題，在實境中觀察和學習，成為新的學習模式。若缺乏這樣的學習，就整個教育範疇而言，就是一種缺陷。

孩子的學習不只是為了好成績、進資優班、考進明星學校。孩子要發展一種全新的態度，能直接閱讀現實，從現實環境中找到解決問題的新知，和發展良好的生活適應。

快速的社會變遷和生產技術的進步，導致各行各業不斷變化，需要面對新的挑戰和調適，於是知識和技術的半衰期便逐漸縮短。任何知識和技術，經過一段時間，它的實用價值和工具性就會漸漸失去。最近這十年，工程方面知識的平均半衰期，已經從原來的五年縮短為兩年，尤其是電腦科技和通訊科技，則僅有六個月。社會科學方面則從原來的十年縮短為五年，尤其是管理、金融和法律方面，半衰期更短。人文和藝術方面的實用知識，其半衰期也從原來的十五年縮短為八年。

要在這樣快速變遷的社會中求生存，人們必須不斷的學習新知，專業人士要不斷通過新的證照考試。因此，主動學習和跟上時代腳步，則成為現代人必要的修持。你不跟上，就會落伍，面臨遭淘汰的現實。

然而主動學習的態度並不是現成就會有的，那是從兒童和青少年時期所培養累積出來的習慣和態度。除此之外，學習者的動機、程度、信心和學習方法，都必須提早培養。學校必須重視這個課題，家長也要重視它。

要追求成長就必須吸收新知。學習新知的態度和基本方法，是孩子終生受用的寶藏，因此父母應該要重視它，更要督促學校重視它，把學習的態度和方法教好。

身心健康都重要

生活就是一個現實，你健康就有活力，就有朝氣；而一旦失去健康，活動受到許多限制，便可能活得不快樂、不幸福。健康又分為身心兩方面，兩者互相依存，相互影響。

孩子身體的健康，除了重視飲食、營養、衛生習慣和規律的作息之外，更要鼓勵孩子適當的運動。目前，我們的兒童和青少年常運動不足，嚴重影響其發育和活力。適當的運動不但能培養體能，更能緩解壓力，特別是緊張和壓力所引發的自律神經失調，及其所衍生的失眠、心神不寧和身體不適等，運動都有一定的緩解效果，並能帶來愉悅的心情。

幼兒和兒童適度的肢體運動，對於腦功能的發展有直接的幫助。心理學的研究證實，每天適當的運動，在短期記憶的效能上，比不運動的人要高出百分之四十左右。因此，父母若能注意孩子的體能和健康，等於為孩子的人生打下強壯的活力。

健康的另一層面是心理，心理健康的人較能承受挫折和挑戰。他們的情緒穩定，感情生活豐足，態度樂觀。心理健康就不容易陷入敵意、懼怕和沮喪的折磨，他們對於憤怒、焦慮和憂鬱等心理病症，也有較好的抵抗力。

父母親要從家庭和學校生活中，維護孩子的心理健康，培養情緒的安定，發展樂觀的思考模式。特別是家庭，對孩子的身心健康具有一定的影響力，像活潑、進取和喜樂的家庭，就比較能陶冶出身心健康的孩子。健康是孩子的命運和財富，能保持他們的健康，就等於給了他們讀萬卷書和行萬里路的本錢。

提升自我功能

我們生活在一個忙碌、競爭和不斷追求成長與效率的社會，因此生活和工作的壓力都很大。面對這樣的現實情境，就必須提升每個人的自我功能（ego functioning），因為自我功能越好，抗壓性就越高。

從心理學的觀點來看，個人的壓力指數，就是個人負載和自我功能的比值；簡單的說，個人負載除以自我功能，就是他的壓力指數。例如，甲乙兩個人，負載相近，但感受的壓力卻不一樣，壓力越大的人，自我功能就越弱。自我功能強的人，即使多承擔一些工作，也能勝任愉快。於是在現實世界裡，有的人就像大卡車，能承擔重責大任，因為他的自我功能好；有的人就像馬力小的車子，承載過重，就會被壓垮。

什麼是自我功能呢？一般而言，它包含三個因素：解決問題的能力、良好的情緒習慣和堅毅度。首先，是一個人越能幹，解決問題的能力越多元，凡事就難不倒他。

反之，有些人只會讀書，但不會做人；有些人專業能力好，但協調和人際互動差，這當然會影響其工作效能。

其次是良好的情緒習慣。負面的情緒會影響健康、干擾思考和判斷，甚至造成衝突與摩擦。因此，情緒習慣不佳，經常失控，或者長期受到焦慮和憂慮折磨的人，不但不能勝任其生活與工作，甚至連家庭、婚姻和社會關係都會一起搞砸。

第三是堅毅度。它代表一個人的信心、自我認同和挫折容忍力。研究發現，堅毅度好的人，工作效率高，健康狀況也比較好。父母當然希望孩子能具備這三個要素，發展良好的自我功能，創造幸福人生，不過這三種高貴的人格品質，並非是天生的，而是在日常生活中慢慢調教出來的。

建言：重視實用

教導子女，要把眼光放得遠一點。我們一旦看清教育的目的在於教導孩子面對現實世界的挑戰，就能清醒地為孩子設想，了解他們需要些什麼態度、能力和心智，然後用不急不徐的方式，慢慢帶領，一點一滴的調教。當父母能用同理心去了解孩子的需要，也能投入學習時，孩子更能從中獲益。

在現代變遷快速的社會中，孩子需要的能力很多，而在面對未來的現實上，請特別重視他們的適應能力、追求新知與成長、身心健康和自我功能的提升，這些心智能力的健全發展，將是孩子幸福的根基。

6 發展大腦功能

人類學習各種知識、技術的能力，來自大腦。從知覺、注意、分類、記憶，乃至歸納、思考和創意，主要都是靠大腦在運作。至於大腦怎麼學習？怎麼運作？影響學習效能的關鍵因素為何？這些問題，過去籠統地把它歸於遺傳，或者稱它為天賦。

不過在二十世紀的最後十年，神經科學突飛猛進，神經心理學有了全新的發展，人類對於大腦怎麼學習，哪些因素在影響其功能上，都有長足的發現。因此，教師在教學時也必須充實這方面的知識，甚至父母親在教養子女方面，同樣必須具備這方面的知識，才能提升孩子大腦功能的發展。

人類生下來時，大腦已發育完成，每個人大約擁有一千億個神經元（neuron），而每個神經元都會長出上千個突觸（synapse），與另一神經元相連結。突觸即是記憶體。我們所經歷過的經驗和知識，就是靠著神經元的連結，快速的交換、比對和歸納而形成思考，進行學習。因此，孩子誕生後的前幾年，如果有豐富的發展環境，例如得到較多的接觸、肢體活動、語言、音樂、思考和種種交流，神經元就能長出更多突觸，並透過神經元的樹突感受體（receptor），與更多神經元連結，形成更細密的神經網絡，而發展出更好的心智功能，大大提升其學習能力。

每個孩子當然有其先天的稟賦，但如果能在出生後的前幾年給予正確的照顧，提供豐富的大腦發展環境，孩子未來的學習能力就能有效提升。

好的開始

孩子有無窮的潛能，等待我們為他開啟，奠定基礎。但父母親往往因為忙碌，工作時間長，而無法抽出足夠的時間和精神，為孩子的大腦發展打好基礎。誠如神經心理學家費爾頓‧伊爾斯（Felton Earls）所說：「四歲前已建構日後改變性不大的腦子。」研究也指出，四歲以前腦功能已決定百分之六十以上，因此父母親實在不能忽視孩子學前教育的重要性。

學齡前的孩子，尤其是四歲之前，肢體與感官的運作對神經網絡的發展，有決定性的影響。就肢體活動而言，嬰幼兒的肢體活動、爬行攀援，以及玩具操作、丟擲、推移及排列等活動，對於以後的閱讀、書寫、注意力及感覺統合等，都有助益。

嬰幼兒還必須獲得足夠的視覺刺激，包括把玩物品，觀察認識形狀、重量和動作等大量的資訊，才能促進大腦功能的迅速發展。然而這些資訊並不是靠電視和圖片得來的，而是靠探索身邊的事物，直接體驗物理世界的形狀、行動、音聲和觸感，才有價值。

此外，嬰兒的第一年，透過聽到的口音、字彙和聲音，經由神經迴路，建立聽覺地圖。嬰兒家居環境中的話語、聲音，都非常熟悉敏感。因此在家庭環境中，能抱孩子多逗樂，溫柔的說話和唱歌，孩子得到的語言、字彙、音樂和旋律越多，大腦發展越好。

孩子學習語言的能力，必須在嬰幼兒的照顧中進行，甚至在未出生前就要留意。研究發現，孩子的語言發展與母親懷孕時的壓力有關，例如過重的壓力，常會造成口吃、失讀等症狀。總之，嬰幼兒需要的是一個和諧、安祥和豐富的環境，父母親與嬰幼兒說話，使用真實世界的語彙，較能幫助孩子發展好的語言能力。此外，讀書給孩子聽，說故事和生活中的交談，都是促進大腦發展的重要方法。

思考能力的養成，亦是家庭或幼兒教育重要的一環。嬰幼兒在操作物體、玩具，乃至享用餅乾糖果的過程，都能從中學習思考、計算和推理，所以父母親要在日常生活中，多多運用現實生活事件的啟發。

這些基礎的教育工作，大部分落在學齡前，而且要在孩子熟悉的家庭或環境中進行。不過，有些家庭在孩子出生後，就把孩子託給不懂得教養嬰幼兒的褓母，所以有不少孩子在前面最關鍵的四年，得不到應有的大腦發展。這種現象甚至出現在高知識分子的家庭，出現在社經地位高的父母身上。

孩子的大腦發展和學習的基本條件，不全是靠遺傳而來的。如果在學齡前忽略提供大腦發展的豐富環境，以後的學習潛能就會大受限制。在實務工作中，我發現有些資質優秀的父母，其子女的學校成績卻表現遲滯不佳，經過了解才知道，孩子在學齡前多半長期委託在學習環境貧乏的家庭中。

腦力的發展

由於豐富的環境刺激，會讓大腦的功能越來越好，而形成一個能不斷學習、建構系統化知識和思考的神經網絡。因此大腦功能在後天的努力部分，顯得非常重要。誠如教育學者艾力克・簡森（Eric Jensen）所說的：「今天我們可以看到一個共識，對大腦的發展，先天的因素約佔百分之三十到六十，後天的環境因素則在百分之四十至七十。」

所以父母對孩子的教育，應有全新的認識。尤其在國小之前，強迫孩子學習大量的知識，用成績的高低來督促孩子，並不能發展其大腦功能，甚至還會產生揠苗助長的後遺症。

孩子要發展出優異的大腦功能，一般而言有兩個因素：其一是所提供的學習材料必須具有挑戰性，能引起好奇和思考；其二是對其學習的結果做正確的回饋，好讓孩子知道，自己思考或獲得的答案是否正確。

有挑戰性必須是新的情境或資訊，而且是他現在的能力所能理解的，才能引發思考和回應。其次是孩子具有好奇和主動探索的動機，這又必須與過去累積的經驗和思考能力相連結。孩子不斷接受新的挑戰，累積更多能力，他的腦功能也就越發達。根據研究顯示，長期接受挑戰性思考的人，其神經系統的連結，比不做挑戰思考的人要多出許多；而神經科學家從大腦剖面圖中也發現，研究生比高中就中輟的人，要多出百分之四十的神經連結。

孩子需要科學探索的思考，需要多元智慧的學習和體驗，更需要閱讀與討論。此外，要儘可能地把孩子結合起來，透過團體動力，讓他們進行合作學習；因為合作學習比較有機會討論和回饋，在合作互動中，孩子有更多好奇和喜悅，以及人際能力的培養。孩子從伙伴身上所學習到的知識和經驗，遠比從老師和父母身上學到的更多。

另外值得注意的是，在孩子的心智能力發展上，要避免拿他跟別人做比較。因為當孩子有了怕輸、怕失敗、沒面子的情緒反彈時，焦慮的情緒會讓他脫離合作學習。如果焦慮的情況過於嚴重的話，還會抑制孩子的思考和記憶力，並造成人際障礙。父母對此不可不慎重。

父母親最好能在孩子的童年時期，透過生活中的觀察、探索和閱讀，進行問題解決的練習。可以透過紙筆、模型、類比、討論和統計來啟發思考，也可以運用藝術、美感、運動和欣賞來發展心智能力。藝術對孩子的創造力、專注力、協調性和價值觀等，都有很好的啟發作用，而運動對孩子腦力的開展，同樣有明顯的促進作用。

如果你還空想著把孩子關在家裡，要他好好讀書，以為這樣就可以讓孩子成材，那就錯了。我知道有許多孩子一到高中以後，就出現學習後繼無力的現象，這從腦力和心智發展的角度去了解，也就不難明白了。

壓力的影響

孩子的成長過程當然有其負擔。雖然他們的生活所需是由父母供給的，但是慾望的滿足、感情生活的適應、學習和發展所帶來的負荷，對兒童都構成壓力。不過，我要先就壓力做一點說明：壓力來自個人所承受的負載，如果它是個人自我功能所能負擔的，壓力的值就不會很大；如果是自我功能不能負擔的，就會覺得壓力很大。

負載可分為兩種：一種是正當負載，它是生活、成長和學習所必須的負擔；另一種我稱它為垃圾負載，它是擔憂、焦慮、煩惱、憤怒及其衍生出來的惡果，所造成的負擔。一般而言，我們很少被正當負載壓垮，而是被垃圾負載給壓壞。所以孩子的種種學習只要透過適當的安排，不超時，不過量，就不會有壓力的問題。

不過，如果孩子的學習是建立在父母權威的恐嚇和打罵，或是斤斤計較其成績，拿他跟別人比較，並用面子、尊嚴和批判來對待他，讓孩子陷入困擾或信心崩解，那麼這類垃圾負載便會帶來懼怕、焦慮和敵意，進而產生情緒失調。它不但會破壞好奇和主動學習的動機，更會抑制思考、記憶和創意。

當孩子的焦慮和憂心過重時，腎上腺便會受到過多刺激，甚至引發連環的壓力激素，而使大腦功能受到扭曲，當然也容易在日後發展出情緒失常或焦慮症等疾病。

建言：快樂的學習

為孩子提供豐富的腦力發展環境，在現實生活中發展其心智能力，提升其大腦功能，是為人父母者為孩子所做的重要事情之一。我們要引導孩子的主動性與好奇，透過閱讀、觀察、試探、思考、運動、欣賞等活動，孕育其腦力；要懂得安排孩子與同儕之間的合作學習，經由觀摩、討論和模仿，而相互增益。

最後要強調的是，孩子的學習和成長，並不怕正當的功課負載，卻非常忌諱恐嚇、批評、打罵、冷漠和失愛的教養方式，這些使孩子擔憂、懼怕、產生敵意的作法，即使是出自你的愛心，同樣會對孩子的大腦功能產生傷害。孩子最需要的是豐富的大腦發展環境，並用快樂自然的方式引導，他們的潛能就會不斷地展現出來。

7 關鍵的心理素質

父母親都希望孩子的未來是幸福的，期待他們學習順利，將來有本事成家立業，能過健康喜樂的生活。不過，想要如願以償，就得先了解「萬法唯心造」的道理。因為幸福成功的人生是需要健康的心智才能創造出來，而不是偶然撞見撿來的。

依我的觀察，一個人能一帆風順，獲得成功，並不是他們有成功的宿命，而是他們具備了健全的心力，能面對挫折和挑戰，不斷解決問題，故能逢凶化吉。反之，那些陷入人生困境，衍生更多難題而把自己困住的人，則是有心智上的弱點，或偏差的性格特質。

影響人生最大的性格特質包括：安全感和信任，自律和自我控制，主動與進取，勤奮與好奇，完整的自我認同，創意與發展動機等。這些心理素質是從幼兒時期就開始奠基的，在成年之前完成它的心理動能，往後隨著年齡增長，還會繼續發展。

父母親必須了解這些心理素質，是耳濡目染發展出來的，並在日常生活中培養孩子這些能力。不過，要在孩子身上發展這些素質，並不能用耳提面命的方式，而是要從生活教育中慢慢的潛移默化。

安全感

安全感是個人最早要去證實的事。嬰兒有了溫暖的餵哺，就覺得安全；有人穩定的呵護，就覺得放心；有人擁抱和逗著說話，就感到溫暖。因為嬰兒沒有獨自生存的能力，完全仰仗父母的保護。

嬰兒對周遭環境是很了解、很敏感的。只要換個人照顧、擁抱或餵哺，對他而言就是一個警訊，因此如果經常更換褓母，對嬰兒的安全感就會有不利的影響。在嬰兒的主觀意識裡，換褓母就如同被遺棄一樣。

另外，對嬰幼兒及兒童粗暴的說話和行動，則會產生創傷，損及安全感；父母親吵架或動粗，亦會損害他的安全感。安全感是孩子一生中精神生活的主軸，我們為了追求安全感，發展出各種未雨綢繆的行動和計畫，做了許多新的嘗試，便是想要一個穩定的精神生活。但這有一個前提，人必須覺得有安全感才敢走出去，跟人接觸，嘗試挑戰新局，創造未來。

幼兒的安全感是從受保護和照顧得來的。稍長，其家庭是否安定和樂，父母家人的相處是否融洽，乃至學校的成績，及是否遭遇創傷、憂慮和不安的事件，都足以左右其安全感。安全感越差，人際障礙就會增加；安全感不足，對別人的信任則不夠，其負面的想法和憂慮的情緒也會隨之增加。這些孩子長大之後，很難承擔責任，因為他的心中有著不安和嚴重的危機感。

欠缺足夠的安全感，焦慮和憂鬱也就越容易襲上心頭，以致平常生活覺得受到較多威脅，其敵意和暴力也就增加。從實務中觀察，暴力與個人缺乏安全感有關，越是安全感差的人，其敵意和暴力的出現比例也就越高；此外，焦慮症和憂鬱症的誘發，也與孩子普遍缺乏安全感有關。

安全感好的孩子，通常受到父母的照顧、關心和鼓勵較多；反之，受到疏忽、冷落、威脅、貶抑和屈辱的孩子，都會在心中埋下陰影，造成安全感的欠缺。安全感好的孩子，有較多的主動性，能承擔責任，而且在意見分歧時，也比較有定見。

安全感好的孩子，創意較強，易於將想像力用在正面的思考和分析上，形成新的創意和解決問題的能力；反之，安全感差的人，總是把想像力放在不安、危機和挫敗上，從而造成焦慮或沮喪。

安全感好的人，容易發展樂觀的思考模式，生活適應能力強，堅毅度和抗壓性也都比較好；相對的，安全感差的人則常常從悲觀的方向思考，在現實還未擊垮自己之前，就先用消極和悲觀的想像把自己擊潰了。現在你該了解，安全感對孩子的人生有多重要了。

自我控制

能自我控制的人，生活比較有規律，品格也比較好。他們不但能清醒的思考，控制自己的衝動和情緒，而且在時間與金錢的掌握管理上，也比較得宜。自我控制簡稱為「自制」，它與生活效能有關，凡是作息、飲食、運動和工作等方面，有良好習慣的人，自然比較健康、有成就，並維持好的生活品質。

自制力是從小開始養成的。一般而言，從幼兒練習大小便起，就開始發展自制的能力。在大小便的控制中，孩子領會到控制與適當的處理大小便，可以保持衣褲乾爽舒適；接著，他又不斷學習更多自制和自律的行為，包括不拿別人的玩具，不動手打人等等。而孩子也明白，這樣做能得到大人的讚許，得到同伴的肯定，以及快樂遊玩的報償。這些自我控制的行為，都需要父母一點一滴的提醒和指導，並給予肯定和讚賞。

孩子上學以後，開始學習控制作息時間、人際互動上的紀律，以及情緒和衝動行為的自律。這時他開始使用金錢，這方面的自制和自律，更需要父母的注意和教導，才能養成好習慣。一般來說，孩子最常有的衝動是玩耍，他們為了玩或看電視，常會忘了作功課；為了滿足口腹或玩興，會偷父母親的錢去購買。因此，這時父母必須隨機教導，只要他做對了，就要表示欣賞和肯定。

孩子的自我控制能力越好，在校的課業成績表現得更卓越，人際交流、合作學習或團體活動，也會表現得更出色。這些經驗漸漸形成他健康的自尊和信心，發展成主動學習和自治的新行為。

自我控制良好的孩子，能保持讀書與休閒的平衡，拿捏自由與紀律的分寸，把握現實與理想（自己的抱負水準）之間的分際。孩子的自制力強，到了青少年時期就不容易沉迷於網路而荒廢學業，而且在感情生活、異性交往和金錢的使用上，也表現得穩重而有節制。

孩子的自制力是學習得來的，並不是天生就擁有，因此，父母親要在孩子的兒童時期隨機教導，一旦他們表現出自律的行為，就要表示肯定和讚賞。這樣的方式就是心理學所謂的後果管理（contingency management），它的主要原理是：對孩子的行為予以增強作用。事情做錯了就要給予指正和指導，做對了就予以鼓勵和肯定。

自制和自律都是孩子成材的重要素質，而這都是透過學習得來的，父母要及早培養孩子這方面的能力。

主動、好奇和勤奮

主動性可以讓一個人變得有活力，能不斷的學習新知，開拓並創造新局。主動性強的人，施展抱負的機會比較多，行動力和堅持度也比較好。主動性是成功人生很重要的心理素質，如果父母親能把孩子的主動性培養起來，孩子就一定能成材。

許多為人父母者都期望孩子能主動學習，不過，光是希望或期待是不夠的，孩子的主動性需要師長來誘導和栽培。一般來說，孩子都有一種先天的好奇本性，特別是在幼稚園階段，表現得最為明顯。在這個階段，你做事時他就會在旁邊看，邊問邊試探，甚至動手想幫忙。但是，孩子想幫你洗菜，父母親卻怕他弄濕衣服，所以拒絕了他；他們想動動鍋子裡的鏟子，幫你炒菜，父母卻擔心他被炙熱的油給濺到，所以急忙把他支開。像這樣不斷拒絕他許多主動嘗試的提議，孩子的主動性便會漸漸枯竭。

其實，我們可以做點安全防護，協助他完成做得來的家事，並給他肯定和鼓勵，這樣他的主動性和自尊便可以得到伸展，生活的能力也能正向加強。由於父母的協助和肯定，成功的經驗將帶給孩子更多的信心，去做更有結構性、思考性和實踐性的嘗試，這就是一個人主動、好奇和勤奮的來源。

主動、好奇與勤奮，是交互影響的三種心力，而促進它們產生作用的力量，便是成功的經驗。只要你能幫助孩子，給予指導，並注意安全，就能產生成功的經驗，而孕育出更多的創意、主動性和行動力。它們會成為孩子學校生活和未來生涯中，主動學習態度的來源。

自我認同

每個人都有一個自我概念（self concept），是蒐集別人和自己對自己的看法所形成的。如果所蒐集的資料大部分是負面的，就會形成一個不好的自我概念；相對的，如果蒐集的資料大部分是正面的，就會有個好的自我概念。人對於不好的自我概念通常會加以排斥、不認同，從而造成無法自我接受的問題。無法自我接受的人有較多偏差的行為，過錯不斷，甚至自暴自棄而不肯學好。

相對的，當一個人認為自己不錯，有滿多的成功經驗，又受到別人的肯定時，他的自我認同便會趨於健全，信心和堅毅度發展良好，自尊也比較健康。這樣的人較自愛，能積極快樂的生活和工作。

孩子是否有健全的自我認同，端看他從幼兒開始一直到青少年期結束，是否有足夠的成功經驗和價值感，去建構他的自我認同。因此，幫助孩子獲得成功的經驗，肯定其優點，以及避免貶抑、抨擊、鄙視和對孩子冷漠，都是協助他完成自我認同的最好方法。

建言：健康的自我

人無論在事業、婚姻、健康或養育子女各方面，只要具備好的心理素質，就能發揮腦力，解決問題，開創亮麗的未來。相對的，心理一旦有了偏差或障礙，即使擁有很好的成功條件，也可能會施展不開來。給孩子健全的自我功能，等於給他無盡的寶藏。它能發展出更多解決問題的能力、良好的情緒習慣和堅毅度，而建構自我功能的素材，就是安全感、主動性、勤奮、自制和自我認同等心理素質。你想要孩子成材，就得及早培養它。

8 樂觀的思考模式

你希望孩子成材，就得培養他樂觀的精神。研究證實，樂觀的人成就比較大，做事積極，身體和心理也都比較健康。特別是二十一世紀普遍流行的憂鬱症，樂觀的人比較不會受到它的侵擾。

悲觀的人對未來的預期充滿不確定性的想法，以致時時心神不寧，或者顧慮前程堪虞，而覺得懼怕或沮喪。這是情緒失常，以及焦慮症候群滋生的溫床。反之，樂觀者對未來的期待則抱持美好希望，於是帶來積極、興奮和振作。

樂觀或悲觀是兩種不同的思考模式，而這樣的思考習慣，是從日常生活中學習來的。樂觀的人，對挫折和失敗會以區隔的方式思考，解釋成：「我只有這一點挫敗或損失，其他各方面都好好的，將來還大有可為。」於是情緒上不會墜入沮喪和絕望。然而悲觀的人一遇到失敗或挫折，就會把它想得很嚴重，彷彿一切全毀了。失意會像洪水氾濫一樣，他對自己說：「我現在的失敗和挫折，將導致人生的全部潰敗。」於是在情緒上造成完全的沮喪和無助。此外，樂觀者對未來有好的期許，悲觀的人對未來則充滿不好的預兆和想法。

從研究中可以發現，樂觀的父母培養樂觀的子女，悲觀的父母教出悲觀的孩子，這是因為孩子從父母的生活表現中耳濡目染，直接拷貝父母思考方式的緣故。

從積極處著眼

每個孩子都有他的長處，也有短處；他們的行為有正確的，也有錯誤的；成績表現有些科目好，有些科目弱。但就是有不少父母過分強調缺點或短處，誇張其負面影響，對孩子說：

「你考這種濫成績，羞死了，沒有人看得起你。」

「你身體那麼瘦弱，又不用功，我看注定沒有前途。」

「你總是粗心大意，我看你一輩子都不會成材。」

父母親常因為愛之深責之切，因而過度誇大孩子的缺點，做出悲觀的推理。時日既久，不但會破壞孩子的信心和健康的自尊，還會讓孩子染上悲觀的思考模式。

其實正確的回應方式應該是，先看孩子的優點，支持他的信心，接著才去了解和檢討其挫敗的原因，並給予改造或補救的機會。當你的孩子說：

「我的名次雖然退了五名，但我總分進步了十分。」

你會怎麼回答他呢？如果你罵他：「真不知恥，退步五名還好意思說，你真沒出息！」那你的思考模式就是悲觀的。如果你與孩子交談，了解實情，「因為有一個科目我聽錯了考試範圍，少準備了一課，所以該科沒能考好，名次才退步。」父母的回應是：

「有一科沒有考好，總分還能進步十分，這也不容易。不過，經一事長一智，你只要多留意考試範圍，不再犯這種疏忽，必定會有更好的成績表現。」這樣的交流對話，就是一種樂觀的交流，它既能安慰孩子，又能鼓勵孩子。而最重要的是，他教給孩子樂觀正面的思考，孩子的情緒也會變得安定和健康。

欣賞優點

每一個人都希望得到別人的肯定和支持，孩子也不例外。所以，當孩子有成功的表現，或者有好的成績時，父母要給予肯定，以建立信心，並相信他能做得更好。

孩子所學習的功課、才藝和人際活動，必須切合孩子現在的能力和程度。每個孩子的程度不同，能力也各有差異，如果你能給予適合的功課，對他具有挑戰性，又是其程度和能力所能完成的，那麼孩子在成功完成作業時所得到的喜悅，以及父母欣賞肯定的神情，都足以帶給孩子信心和樂觀。這樣的孩子無論在情緒健康和抗壓能力方面，都會顯得比較好。

相反的，如果孩子經常受到挫敗，加上父母交談時表現悲觀的思考方式，不需多久，孩子就會覺得絕望，從經驗中學得無助（learned helplessness），而覺得自己不管怎麼努力都沒有希望，並對自己說，「我做什麼都沒有用！」漸漸的，就會開始逃避現實，或者心情沮喪。持久性的無助，會帶來很大的壓力，這種壓力並不是因為什麼特定理由，只是覺得一切都無法掌控，而變成憂鬱症。

因此，教育子女的方式上，要避免一味的改正錯誤，而疏於肯定孩子已經做好的部分。有不少父母認為，做得好或正確是應該的，於是把眼光完全放在糾正錯誤上，經常責備、改正、抨擊、奚落和貶抑孩子，說他老是犯錯，總是做不好，從來就沒認真過，並預測他將來會落得悲慘的下場。這樣的教育方式，會為孩子帶來嚴重的自卑、無助和悲觀。

相對的，則是欣賞孩子做得好的地方，相信只要父母仔細觀察，就能挑出值得讚賞的部分。有位父親在看完孩子的作文之後說：「你這篇文章很有感情，我很欣賞。有幾個錯別字我已經幫你看出來了，只要修改一下，就是一篇好文章。」這樣教導子女，會有事半功倍的效果，因為孩子的信心和樂觀都得到了滋潤，錯誤也得到改正，因此能衍生更多的信心、樂觀、主動和創意。

但是特別要提醒父母注意的是，欣賞孩子的優點必須要真實。我們要找出真正值得欣賞的地方，不可以虛偽或灌迷湯，否則會造成反效果。

正向的解釋

每個人對於自己的遭遇，無論是順或逆，都會對它的原因和影響做各種解釋和評估。如果碰到逆境或搞砸一件事，在歸因上說「這是因為我能力差」、「這都是我的責任，全是我的錯」、「我真是無能」，那麼他的壓力就會太大，可能發展出悲觀和沮喪的心情。如果他是更深入探究事情的真相，找到失敗的真正原因，然後說「這是我一時失察，以後不會再犯這種錯誤」、「這是環境所致，以後我知道該怎麼預防」，這樣的正向思考方式，則會帶來樂觀和進取。

其次是判斷事情的影響層面。如果當事人認為影響只是暫時的，而且造成的損失也是局部的，那麼他感受的壓力就會減少許多，比較不會陷入沮喪和憂鬱的心境。相對的，如果當事人一味地認為「這對我將造成全面、長久的負面影響」，這種負面的判斷將導致悲觀的心境。

再者，當成功或好事發生時，樂觀者會說「這是我努力得來的」、「我對我的能力一向有信心」；就其影響面而言，他們經由判斷則認為「它將正面影響其他事情」，並持續增加自己的信心。反之，悲觀的人則歸因於「這只是偶然碰上好運」，而非自己有能力；在判斷影響力方面，則會說「那只是暫時的，不會經常如此」。

這個理論是由心理學家馬汀・塞利格曼（Martin Seligman）提出來的。父母親如何培養孩子樂觀的思考方式，可以參考這方面的書籍（如《學習樂觀・樂觀學習》、《教孩子學習樂觀》，遠流出版），做出正確的教導和應用。

另外，父母親在平常生活中，如果在歸因和解釋型態上是屬於悲觀思考模式者，就要提醒自己做修持和調整，以避免孩子從你的言行中，感染了悲觀的思考模式，而影響其心理健康。

樂觀的影響力

你希望孩子樂觀嗎？那就從你自己學習樂觀的思考模式開始。

一般而言，成人的思考模式是沿用孩童時代所學到的做為藍本，因此，樂觀思考的孩子，到了成年時也是樂觀的。塞利格曼經由研究指出，成人踏入職場工作後，樂觀者的業績高出悲觀者許多，第二年則差別更大，而且離職率也比悲觀的人少兩倍。

從長期的追蹤研究發現，持悲觀思考模式的人，比樂觀思考模式的人較可能罹患疾病，他們的壽命也比較短。

樂觀的人比較不會在受到重創時出現沮喪，較愛護自己的身體，也比較能夠從情緒化中抽離出來，變得冷靜，因此樂觀的思考模式比較有益健康。此外，人不免遭遇創傷或較大的壓力，而樂觀者的因應方法是：集中心力於手邊的問題，努力於找出解決方法。因此他們比較能看出事情的光明面，能在不幸的事件中找出有利的因素加以運用；當事情演變到無法控制的最壞情況時，也比較能接受事情的原貌，較少扭曲而旁生枝節。

相反的，悲觀者在因應重大壓力事件時，常集中心力在消極思考上，因而引發悲痛，忽略實際問題的解決。同時，悲觀者也無法堅持，容易放棄，逃避現實，從而造成更多的困擾。

美國在經濟大恐慌的年代，曾經對於加州柏克萊和奧克蘭的兒童，建檔研究社會變遷對兒童的影響。經過長期的記錄、測試和追蹤，發現在經濟恐慌一貧如洗之後，家庭能夠在一九四〇年代初期恢復富有者，顯然都比較樂觀。社會學家葛蘭•艾爾德（Glen Elder）解釋說，因為他們體會到厄運只是一時的，不是永久，一定可以克服。他們學會了樂觀的思考模式，這些人身心都比較健康，晚景及適應能力也都比較好。反之，則身心健康較差，晚景淒涼。

建言：樂觀者幸福

樂觀者成，悲觀者敗；樂觀者強健，悲觀者沮喪怯弱。孩子要長大成材，就必須及早培養其樂觀的思考模式，而最重要的就是父母的身教。從諸多研究中獲得證實：

樂觀者幸福。同時我們也發現，一個人的思考模式通常來自於他的父母。因為孩子每天從父母親那裡，聆聽發生在周遭的各種事情，從父母身上學到樂觀或悲觀，並用童年的解釋型態，來看待現在所遭遇的一切。因此，父母親要教孩子成材，自己就必須先學習樂觀的思考模式。

9 優質的家庭教育

我經常隨機請教年輕的父母，「你對孩子的期望是什麼？」大部分的人都回答，「我只希望他們正常。正常的學習，功課跟得上，將來能考上好學校，有個不錯的出路。」我接著問，「你希望他們將來有什麼樣的生活？」大部分的人都說，「我希望他們成材，有個正當的工作，能維持生活幸福。」沒錯，這就是天下父母心，都希望孩子將來能過得幸福。

不過要達到這個目標，「你知道該怎麼培養他們嗎？」大部分的人都說，「好好栽培孩子讀書。」其實，家庭教育才是最根本的因素。父母親能為孩子提供優質的家庭教育，孩子自然能正常發展；反之，不當的家教使孩子受到限制和障礙，求其幸福和成材就有許多困難。

能帶給孩子成材和幸福的家庭，必須具備以下幾個基本元素：親密的關係、遊戲的機會、學習的環境、成功的經驗，以及正確的認同。然而，根據我的觀察，現在有很多家庭顯然疏於經營這些重要因素。

親密的關係

父母親與孩子如果能建立親密的互動關係，乃至整個家庭的成員都能發展出好的連結，那必然是孩子一生的重要資產。這能產生安全感和人際信任，從而孕育勇氣、主動和冒險試探的精神。

親密的互動提供大腦發展所需要的豐富環境，有較多的語言學習，帶動細膩的觀察和討論，陶冶人際互動的態度。孩子在童年時能享有親密的家庭互動，不但智能發展較好，其樂觀的態度也比較明顯。

研究觀察那些人際障礙的孩子，除了先天的缺陷外，大部分都源自缺乏親密的互動、安全感受創，而變得退縮或出現過度自我防衛的神經質行為。現代社會由於經濟生活和勞動方式的改變，父母都要上班，只好把孩子交給褓母，因此父母親在為孩子選擇褓母時，必須把家庭功能列入考慮才行。

親子間的親密連結，是建立在父母有能力的愛上，它包括關懷、負責、尊重和了解。父母要隨時準備回應孩子的需要，幫助他身心發展，給他餵哺、教導、溫暖和啟發，這就是有責任的關懷。而尊重是指父母的愛和教導，是針對孩子的需要，配合其程度和學習方式。當然，要做到這一點，就得有足夠的養兒育女知識，並了解孩子的實際狀況。

親密的關係帶給孩子快樂、信心和積極的態度，而成人的健康心靈，則是從幼兒時期與父母的親密互動中孕育出來的。

遊戲的機會

在孩子的成長過程中，最重要的活動之一就是遊戲。孩子一有空就會想遊戲，因為它帶來快樂，滿足好奇的天性。更重要的是，透過遊戲他們學會想像，發展思考，學習解決問題的能力。當他們與同伴一起遊戲時，更能發展合作與人際溝通，為孩子帶來同伴的友誼，消除其孤獨感。

神經心理學的研究指出，學齡前的種種遊戲，對大腦功能的發展有關鍵性助益。它透過運動而促進閱讀、書寫和注意力的發展；透過視覺把玩物體，而認識形狀，對於重量和動作有更多的把握，並發展其空間關係的能力；而藉著遊戲中的聽覺活動，則能發展語言、聽力和增加詞彙。

此外，孩子在各類團體遊戲中，能充分發揮他們的想像力；他們一起制定遊戲規則，輪流充當裁判，全力達成遊戲目標；他們學會最基礎的合作模式、溝通和思考，這種種的大腦功能，都是透過遊戲發展出來的。

在遊戲的過程中，孩子準備和發展一生中最基本的心力。因此遊戲對於學齡之前的孩子而言，無異是擴充潛能很重要的一環。然而我們卻看到，有許多父母只是一味的重視讀書，而疏忽掉遊戲的安排。

家庭必須為孩子安排遊戲，協助孩子遊戲。尤其是學齡前的孩子，遊戲簡直是他的主要學習和工作。

學習的環境

生活的基本能力是在家庭中養成的。孩子的食衣住行及待人接物，都是在家裡慢慢學習和練習出來的。從拿筷子吃飯到餐桌禮儀，從穿衣洗澡到服飾儀態，從牙牙學語到應對進退等等，都是在家裡學習和練習的。

基本的生活教育包括灑掃烹飪浣衣，以及應對進退，是人生很重要的事，它不但讓孩子變得伶俐能幹，有益大腦功能的發展，同時也是勝任日常生活之所需。孩子日常生活中的技能，例如騎腳踏車、把玩樂器、操作日常家電用具等，都要依其年齡加以練習。而這些日常生活技能的學習和練習，對於孩子日後求學過程常能發生學習的遷移，有助於功課及技能的發展。越多生活學習和練習的孩子，越能發展出學習的興趣，特別是父母如果能配合講解、示範和即時回饋，孩子就會學得更好更快。那些能幹的孩子對學習有比較好的概念，能發展多元的能力，而也因為他們的信心和能幹，因此對於挫折的容忍力也比較高。

人的生活能力來自家庭生活，不管是語言表達、認識字彙、手的靈巧、基本思考能力和判斷，都是豐富的家庭生活所賜給孩子的珍貴能力。

時下有許多家庭不燒飯、不作菜，連家庭的打掃都外包給清潔公司，這樣一來，家庭的教育功能肯定會大大地被剝奪，因此而讓孩子變得笨拙，甚至在手藝及操作技能方面，遠遠地落後。學齡前太少運動、遊戲和作家事的孩子，其注意力和感覺統合的發展都不甚理想，甚至會影響在學校的生活和學習。

人的智慧是多元的，依據心理學家豪爾•迦納（Howard Gardner）的研究，人類的智慧最主要有八種，包括語文、音樂、數理邏輯、身體動覺、空間關係、人際、內省和觀察大自然等，而如果家庭的生活內容豐富，則各類智慧都會得到滋潤。

人類無法靠單一智慧去生活和工作，必須整合多種智慧去思考、想像和行動。例如，工程師並非只靠數理邏輯智慧能力就可以勝任，如果他是機械工程師，那就必須倚重他的空間關係，才能設計機械；醫生也不是完全靠醫學知識，像外科醫生和整形醫師，就必須還要有好的手藝（身體動覺智慧）和美感（空間關係智慧）。

此外，家庭生活更是培養作息習慣、基本倫理和生活紀律的地方。而唯有父母，才能為孩子締造功能豐富的家庭生活，為孩子的成長打下厚實的基礎。

成功的經驗

家庭也是人們分享成功經驗的地方。成人有了喜訊，一定會回家和家人分享；孩子們也不例外，他們非常渴望父母能分享自己的喜悅、成就和榮譽。

孩子從家庭中所學到的種種能力，讓他們有精熟和成就的信心。靠著覺得自己越來越能幹，而變得主動，和勇於嘗試、學習更多新鮮的事物，而且在分享成功經驗的過程中，也會讓他們變得更有信心和更有自發性。

不過，有許多父母疏於和孩子分享成功的經驗，當孩子順利完成一項家事，父母卻認為那是當然的事；孩子幫忙招呼客人，卻沒有人表示肯定和欣賞。長此以往，孩子得不到成功的經驗，發展不出健康的自尊，榮譽感也就跟著不見了。

有些父母特別喜歡挑剔孩子，對他們所做的事總是東批評、西指責的。孩子在這樣缺乏正向回饋的環境中，領會不到成功的經驗，便會受挫而缺乏生氣。孩子對成功經驗的感受，一開始是從父母的欣賞和肯定中得來的，之後才逐漸發展出自我肯定的態度。他們在做對或做得好的事情上，有著滿足感而興奮不已，這就是最寶貴的榮譽感；之後無需別人的讚美就能有堅持努力的熱心，勇於接受新的學習，因而變得樂觀和主動。

受到認同

每個孩子都希望自己能受到認同（recognition），當他們受到自己所在乎的人的認同時，便會感受到無比的喜悅，而有一種歸屬感，不再感到孤獨。

孩子到學校受到老師的鼓勵，或者老師叫他幫個忙，擦個黑板等等，都會有被認同或認可的感覺，因而更加努力用功。我們大部分人的才華和興趣，都是在尋求歸屬感中發展出來的。

當父母不願意給孩子肯定和讚美時，孩子便會因此而產生疏離感或焦慮，甚至有罪惡感。但要注意的是，太多的讚美則容易造成反效果，他不再需要你的認同，因為他已把認同發展到自我陶醉，而轉成為我行我素或自以為是的態度。因此，認同的部分要恰如其分才好。

孩子到了青少年時期，如果沒有得到父母、老師或班上同學的認同，就容易自暴自棄，變得乖戾，凡事不領情、易怒，乃至投入幫派或其他非法團體，以尋求他人的認同。

總之，讓孩子在家庭中有機會學習和練習，便能得到較多的成功經驗，自然會有良好的認同。而在青少年階段，同學、學校社團和老師所給予的認同，則能孕育他們的熱忱和積極的精神力。

建言：有能力的愛

家庭可以說是孩子一生的先天條件。他們之所以能成材，順利開展成功、快樂、幸福的生涯，都是從童年時期的家庭教育中，汲取基礎經驗和心力而開始的。因此，父母一定要透過有能力的愛，去締造這五個因素，培養孩子穩固的先天條件，讓他們以足夠的資糧去開展亮麗的未來。

10 化導孩子的叛逆

孩子在成長過程中，為建構自我，多少總會出現不服管教的叛逆行為。他們固執己見，唱反調，不聽話，突破規範，不顧勸告，讓人生氣；他們會惹麻煩，令父母惶惶不安，掛心焦慮。尤其是在青少年階段，孩子的自主性強，活動力大，更難約束，常令父母頭痛心煩。

其實，叛逆和倔強的行為，若能有效的回應和輔導，不但能化解僵局，而且有助於獨立性和堅毅度的發展。反之，如果父母採取強制和高壓，乃至動用體罰，則容易造成衝突，衍生憤怒、敵意和暴力行為。這會使孩子誤解父母的關愛，扭曲彼此的親情，滋生更多的叛逆和對立，孩子的人格發展便會漸漸產生偏差，失控而無法約束，甚至變得異常。而嚴重的異常則會發展成作奸犯科，如竊盜、暴力、搶劫等等。

然而，如果父母壓抑著憤怒和失望，對孩子的叛逆行為採取不聞不問，任其我行我素，讓孩子肆無忌憚地為所欲為，挑戰權威，做出違法亂紀的行為，那就有可能失控，帶來更多的困擾，而造成品行疾患，導致犯罪的行為發生。

希望孩子成材，就得了解叛逆的本質，學習如何管教，並做出正確有效的回應。

叛逆的類型

孩子的叛逆行為有好幾種類型，有些孩子的叛逆是暫時性或偶發性的，這種情況比較好處理；有些孩子則是體質性或先天性的，其叛逆或對立則是與生俱來的。但無論是哪一種類型，如果處理不好，都會衍生嚴重的衝突、對立和人格發展上的扭曲。

依據臨床心理醫師詹姆斯・溫德爾（James Windell）的歸類（參見《如何教養固執的

孩子》，遠流出版），孩子的叛逆類型包括：

1. 階段性正常的反抗：出現在某一階段的叛逆，例如幼兒和青少年時期。
2. 氣質性的反抗和堅持：是天生固執的孩子。
3. 偶發或特殊情境的反抗：對某些事情特別敏感，而出現叛逆的孩子。
4. 對立性反抗失常：持續六個月以上，經常出現嚴重叛逆的孩子。
5. 品行失常：發展成犯罪違法的孩子。

依我從事諮商輔導的經驗，階段性、氣質性和偶發性這三種叛逆行為，是基本的型態，但如果父母處理不當，衝突惡化，產生敵意、憤怒和創傷，便會發展成對立性失常（oppositional defiant disorder, ODD）和品行失常（conduct disorder, CD）。前者是持續嚴重的頂撞、犯上、敵視和不務正業；後者是違規、犯罪和暴力，反覆發生，而不覺得良心不安和有反省改過的想法。

一般來說，會導致這樣的惡果，首先是由於缺乏有效的後果管理。也就是說，對於壞的行為未能給予適切的懲罰；對於好的行為則未能適切的欣賞、鼓勵或肯定。其次是父母管教態度不一，一個採取嚴格管教，另一個則協助孩子隱瞞錯誤。其三是採行嚴厲的處罰方式，造成心理創傷，引發深度憤怒和敵意，導致反社會行為的發生。其四是溝通能力不足，不能正確引導孩子解決生活問題，亦未能有彈性地透過同理，去支持孩子的自尊，引導他做出正確的行動和思考判斷。

問題的根源

階段性的正常反抗，通常出現在兩個階段。

其一是三、四歲時期，他們無知硬拗，還沒有學會基本規範，又不願接受父母的約束。諸多研究顯示，出生後的前兩年，如果沒有得到較好的接納、照顧、安全和信任感，孩子就有較多的固執。因此嬰兒及幼兒需要父母有能力的愛，要多給他們撫愛和安全，要對嬰兒多擁抱、說話和唱歌，多逗著他玩，一起遊戲。而且父母雙方要有恰當的一致性，給予同樣的愛和照顧，使孩子信任父母，而聽從父母的招呼。

孩子第一次學習主動性也是在三、四歲之間。他想要自己做，自己去試探，此時父母若能帶領他，協助他安全地做些他能做的事，就能把孩子的第一波主動性引導到積極的方向，而免於發展成反抗、固執和亂發脾氣。這個階段除了協助或帶領他主動做些想做或做得來的活動，建立必要的規範和行動步驟外，也要對其成就予以讚美，這是重要的回應。

另外，當這時期的孩子鬧脾氣時，父母要避免屈服於孩子的要求，要轉移目標，尋找新的注意力；要心平氣和，不理睬他亂鬧脾氣。孩子一旦通過這個階段，就會漸漸好帶起來。

而第二個正常的反抗期是在青少年階段，他想掌控自己，自尊和自我意識也漸漸明顯，於是對於父母原先的設限和規範，便會開始出現反抗的行為。一般而言，青少年並非事事堅持己見，隨時都在反抗父母，多半是在感受到自我被忽視，沒有受到尊重，或者被強迫而去做些不想做的事情時，才會出現反抗和對立的行為。因此，父母親要保持彈性，多留一點選擇權的空間給孩子，例如，「這個週末，我們需要花點時間一起打掃家裡，你哪個時間比較方便？」孩子如果說，「我這幾天很忙，可否延到下週再打掃？」你若同意他的意見，不但能合作無間，孩子的主動性和自尊都能得到維護，叛逆和反抗的情形自然減少。

父母雖然要維持必要的規範，但也要保持彈性。青少年一方面要依附你，一方面要尋求更多的獨立性，這個矛盾的心理往往會給孩子帶來維護自尊的固執和頑抗。父母對孩子的這種心理背景要充分諒解，不要傷害他的自尊，不批判和抨擊他的為人，就能減少許多衝突。

此外，童年（國小時期）的成功經驗，以及獲得肯定和支持較多的孩子，通常都能發展出健康的自尊，這些孩子的叛逆頻率和強度，顯然會緩和許多。因此，父母要指導和協助孩子，在生活與學習等各方面獲得成功的經驗，並予以支持和肯定。父母親如果能在孩子童年時多欣賞他的優點，肯定其各方面的良好表現，就能緩和青少年時期的叛逆狀況。

正確的回應

叛逆是孩子成長過程中很自然的現象，他們透過叛逆來學習與人相處之道，發展堅持自己意見並與人妥協的能力。所以，父母親無需對孩子的叛逆做過度的反應，以致亂了方寸，採取高壓和威脅，這反而會激化親子衝突，而把正常的叛逆推向對立、敵意和衝突，造成人格失常。處理孩子的叛逆行為是父母親必備的知識，也是引導孩子成材的必要過程。

至於先天有叛逆傾向的孩子，即所謂氣質性的反抗與堅持的孩子，父母若能保持冷靜，用耐性和有能力的愛予以誘導，做有效的後果管理，亦能漸漸脫離僵持反抗的行為模式。氣質性的叛逆通常都發生得很早，在兩歲左右就已經出現了，因此只要懂得技巧，都能獲得某種程度的改善。

處理兒童及幼兒的叛逆時，要著重在誘導的技巧、家庭生活規範的適當性，以及父母的權威、身教和適時的提示上。最核心的課題是：父母不是在審判孩子的對錯，並予以責罰和批評，而是為了培養孩子健全的人格，發展其獨立、主動和自律的心理特質。因此，父母親要特別注意以下幾個原則：

1. 避免以憤怒、發脾氣和體罰的方式來處理孩子的叛逆。要保持鎮定，了解問題的癥結，協助孩子解決問題。
2. 建立合理的規範，並容許在彈性範圍內，讓孩子自己做選擇，以引導其主動性，減少衝突和對立。
3. 讓孩子了解父母的權威，對於不當行為，如攻擊、破壞、亂發脾氣等，要及時制止與糾正。
4. 不屈服於無理的要求，自己要有耐性溝通，但也要堅持正確的生活規範和價值觀。
5. 孩子一旦改善其行為或態度，要及時給予肯定，並對具體的表現表示出父母的欣賞和安慰。
6. 要對不同年齡層及個別差異訂定合理的規範，並對其表現做後果管理。

至於處理青少年階段的叛逆，則與上述有些不同。父母要有心理準備，孩子無可避免地會發生爭執、嘔氣和違抗，因此要接受衝突和對立，從中尋找教導的出路，這是必然的歷程。父母不能被孩子嚇壞，要保持平心靜氣，設法引導其叛逆，讓他們學會以適當的方式表達意見及溝通。因此，處理青少年的叛逆，要注意以下個原則：

1. 對事不對人，避免人身攻擊，對青少年做出批評、抨擊和貶抑；要以簡單扼要的語言，表達父母的看法和態度。
2. 了解青少年的需要和心理，透過尊重來表達忠告；建立必要的規範，但允許彈性調整；接受父母的監督，而能保持其自主性，並在不同意見中相互溝通協商。
3. 保持「大節不踰，小節出入可矣」的原則，但不能完全放手，讓青少年為所欲為，否則無法發展成獨立和成熟的人格。
4. 衝突出現時，要暫時擱置叫停，另找適當時間想辦法溝通。

5. 青少年該有的生活規範，如生活作息、待人接物的態度，仍應彈性堅持。

6. 堅持原則，懂得對孩子說「不」。例如出現危及健康及安全的事，破壞重要的價值規範，出現攻擊和破壞性，放棄責任及工作時，都應明確表示不允許的態度。

建言：危機即轉機

父母不宜把孩子的叛逆行為看成是對自己權威的挑戰，而應將它視為孩子人格正常發展中，必須經過的風暴和歷練。只要你想著，孩子的心靈正像發燒一樣，需要你及時的協助和醫治，你就不會大發雷霆的和他起衝突，造成更多負面的情緒，引發更多困擾。處理孩子的叛逆是必然的事，而且要明白，這件成長過程的風暴若能處理得好，孩子就能真正成材。因為他在這個過程中，學會了獨立、堅毅、理性和溝通，更重要的是，他真正學會了待人接物的態度。

11 注重情緒陶冶

情緒影響一個人的健康、思考判斷、生活品質和工作表現，這是心理學研究已經證實的事。丹尼爾・高曼（Daniel Goleman）便把情緒表現的品質，稱為情緒智商（emotional intelligence, EQ）。一個人的情緒智商高，他的熱忱、毅力、人際關係和同理心，也都表現得比較好，因此情緒可以說是成功人生一個很重要的因素。

一個人在童年以前的情緒學習經驗，特別是家庭生活，父母的情緒身教，乃至家人的情緒表現，都是孩子情緒生活的基礎。而到了青春期，情緒的起伏比較大，加上叛逆和衝突，如果沒有處理好，便有可能使孩子的情緒扭曲，造成重創，而影響人格的正常發展。

良好的情緒生活可以帶動一個人走向積極光明的人生；相對的，情緒低落則令人鬱鬱寡歡，抑制創造力和活力。穩定自在的情緒能產生沉著堅毅，應付種種挑戰；不安焦慮的心境則躁動莫名，畏首畏尾，無法工作和安寧。友愛和諧的心情可以讓人際生活良好，自助人助，溫暖快樂；憤怒和敵意的態度則會引發對立和衝突。

孩子的情緒陶冶，是培養孩子成材的重要課題，父母親要幫助他們發展良好的情緒智商。心理學家諾曼‧安德森（Norman B. Anderson）曾歸納出，影響人生的三大負面情緒是：悲觀（憂鬱）、懼怕（焦慮）和敵意（憤怒），所以我們要極力預防這三大負面情緒作祟，積極培養其正面的情緒，這是對孩子情緒陶冶的核心課題。

樂觀VS.悲觀

在孩子的生活與學習活動中，不免會發生挫折或失敗，遇到打擊或失落，這時候的情緒，與他對挫敗或損失的解釋有關。如果採取的是區隔式的思考，認為挫敗只是一小部分，或者只是暫時而非永久，依然相信自己還擁有許多不錯的表現或實力，這樣他就比較能夠承受失敗的打擊，保持積極和振作，這就叫樂觀的思考模式。但如果他把挫折無限上綱，像洪水一般的淹沒全部心境，覺得自己一無是處，毫無能力，到哪裡都一樣沒有人愛，或沒有成功的機會等，就會造成悲傷和沮喪，這就是悲觀的思考模式。

樂觀的人經得起挫折，能從敗部復活，能經得起考驗。他們比較健康，有較好的毅力和創意，心情也比較穩定快樂。悲觀的人則容易變得沮喪無助，隨之而來的是悲傷和鬱卒，甚至發展成憂鬱症。

孩子的思考模式，大部分是直接從父母那兒拷貝過來的。樂觀的父母遇到孩子有了挫敗時，懂得區隔思考，他們會對孩子說：「你只有一科沒有考好，其他科目都在水準之上，只要下次再多用功一些，一定會有更好的成績。」或者：「你在考試時沒有答對的題目，現在已經改正過來，顯然你已經會了。這在爸媽的眼中，就是上進的孩子。不要為一時的挫敗而難過，未來還有很多表現實力的機會。」此外，樂觀的父母只要看到孩子有一點進步，或某方面表現良好，就會對孩子說：「我相信有了這次成功的經驗，你在其他方面也會更有信心。」

而悲觀父母的反應則可能是：「你成績落後，所有的人都會瞧不起你。」「你在一年級就表現這種爛成績，將來也不會有好表現。再不努力，前途鐵定完蛋了。」從諸多個案中可以發現，悲觀思考的孩子，都與他的父母、師長或周邊的人的悲觀思考模式有關。

此外，悲觀者會把自己的成功和優點加上限制性的解釋，他們相信那只是一時偶然獲勝，不是自己真有本事。他們的信心和喜樂總是無法開展，每天著眼的都是自己的弱點、挫敗和無助，這樣的父母很容易引致孩子悲觀。

一般而言，當挫敗或不幸的事情發生時，樂觀的人會說，這是暫時的，它不會影響我的生活；或者，不是我能力不行，只是因為偶發的因素所造成。然而悲觀的人則說，這是永久的傷害，全都是我的錯，我能力不好。反之，當成功或好事發生時，樂觀的人會說這是我努力的結果，我有信心可以持續做更多的嘗試，它對我有積極正面的價值。

因此，父母親自己要學會樂觀思考，才能帶動孩子樂觀上進，如果你經常表現出沮喪和無助，那麼孩子的憂鬱特質便會漸漸累積，形成嚴重的負向情緒，將來就比較容易衍生憂鬱症。

安全VS.懼怕

父母親都希望孩子的生涯有所保障，能有好的工作和發展空間，更注重他們的安全和幸福，於是諄諄教誨，提示他們人生多麼容易受傷害，要如何避免危險，尋找安全。結果在孩子的心理世界裡，有了兩種力量：安全和懼怕。當安全感大於懼怕時，情緒就安寧祥和；而如果懼怕遠遠超過安全感，就會呈現出緊張和焦慮。

父母對孩子的成績有過高的要求，或應用威脅性誘因來敦促孩子用功，那孩子就很容易發展成考試焦慮和懼學症等毛病。從我的輔導實務工作中，歸納出最常引發孩子焦慮的因素包括：

1. 過度的保護，以致剝奪了主動嘗試的勇氣和信心。
2. 對孩子的期望太高，讓孩子懼怕失敗，而產生焦慮不安。
3. 用威脅性的教導方式，強制孩子用功，因而導致不安。
4. 父母交惡，婚姻破裂，給孩子帶來不安和創傷。
5. 家庭暴力對孩子造成傷害。
6. 對孩子冷漠、虐待和遺棄，造成重創。

這些負面因素在孩子的心理生活中，有著揮之不去的恐懼，長此以往，就會產生焦慮症候群。因此父母在教育子女時，要注意維護孩子的安全感，要關懷孩子，保持其信心，鼓勵其自發自動，而不是採用威脅恐嚇的方式。

如果父母用懼怕來當作手段，即使孩子得到好成績，也只不過是眼前的小成就，將來還是不能成材。因此正確的教育態度是：

1. 指導孩子學習和生活時，要採取正面的鼓勵和支持，而不是附帶威脅性的條件。
2. 保持關懷和肯定孩子，並協助其成功學習。
3. 發展多方面的能力，肯定其表現，建構健康的自尊。
4. 協助孩子發展人際關係，而不是鼓勵孩子競爭。
5. 給予孩子無條件的愛，不因成績起落而有差別。

透過父母的愛，發展孩子的潛能；用支持肯定的方法，建立信心和自尊；用包容及同理心，了解孩子的困難和需要；用安全和自在，鋪陳創意和想像力。這樣就能避免孩子恐懼和焦慮，從而培養安全感和自在感。

青少年以前所種下的懼怕和焦慮，不但會抑制創意和潛能的開發，而且會造成情緒的不穩定。這些現象到了成年之後，會因為生活與工作的壓力增加，而併發焦慮症候群，包括恐懼、恐慌、緊張與廣泛的焦慮。這些人不但會失去健康，工作表現大受限制，甚至每天被焦慮折騰而無法安眠，導致生活品質大受影響。

而且焦慮的孩子容易在記憶和思考能力上受到抑制，因此父母在教育子女時，要避免用威脅和懼怕來提升效果，而要用正面的鼓勵和肯定，來發展其主動性和自律能力，這樣才能開發其潛能，展現健康自在的人生。

友愛VS.敵意

研究發現，當孩子獲得較多的愛與照顧，得到大人公平的對待，受到適當的尊重和肯定，對自己的價值和尊嚴得到認同，就會有被愛和受關心的感受。反之，如果這些需要受到剝奪，或者遭到貶抑和挫折，就會引發敵意和憤怒。敵意有攻擊性，它會發展出暴力和攻擊的行為。

當孩子在同儕間受到歧視或不公平對待時，就容易發展出敵意；同樣的，在兄弟姊妹之間，父母有所偏袒，孩子也會因為不平而生氣，最後產生敵意。尤其是受到貶抑和尊嚴上的屈辱，更容易憤怒，產生對立性的衝突。有不少孩子就是因為受到這方面的重創，因而鋌而走險，往不良幫派尋找歸宿感和依恃，從而步上黑社會之路。

一個人的敵意越深，對人的信賴度就越低。他們對一般人抱持著懷疑和防衛，因此只要受到一點威脅，就會立刻反擊。像這樣的人很難在社會上維持合作、友誼和互助的關係，因此無法施展抱負，亦難獲得成就的肯定，結果敵意和挫敗惡性循環，造成更惡劣的情緒。

再者，處在充滿敵意的人際環境中，對個體的身心健康影響亦深。琳達・羅賽克（Linda Russek）追蹤研究發現，沒有感覺到自己與父母之間有溫暖關係的人，有百分之九十一在中年即患病；而覺得與父母關係溫暖者，只有百分之四十五罹患疾病。此外，健康心理學家謝爾登・科恩（Sheldon Cohen）也指出，人際網路小的人比大的人更容易感冒，其感染率高出四倍。

總之，父母對孩子的友愛和支持，能陶冶其情緒智商，幫助他發展人際關係，減少敵意，促進婚姻的和諧，以及帶給他健康的身心。

建言：情緒管理是終生的功課

憂鬱、焦慮和敵意，是三個主要的負面情緒，它們令個體不快樂，失去健康，抑制創意和思考，導致生涯的潰敗。而這些負面情緒的根源都發展得很早，甚至在童年時就已經種下危險的因子。因此，父母親如果希望孩子成材，就必須培養他正面的情緒，發展其樂觀的思考模式、安全感和友愛的態度。不過要切記的是，這種陶冶不是用語言說教來達成的，而是要透過日常生活中的表現和身教，才能發揮功效。

12

心理生活的紀律

人生必須面對許多磨難和挑戰，因此，需要一套有效的工具，才能不斷解決問題，確保成功和幸福。紀律就是解決問題的基本工具。沒有這些工具，將會造成挫折、逃避、感傷、沮喪或焦慮，從而產生人生的挫敗和困難。

迎向困難，不畏艱苦，從解決問題中創造快樂和幸福，這是生命的真理。所以父母要教導孩子面對困難，克服種種挑戰，從中建立信心，增長健康的自尊，享受先苦後樂的真正快樂。

誠如心理學家卡爾・容格（Carl Jung）所說：「精神疾病一向是正當受苦的代替品。」人若能有一套紀律去面對問題，就能轉苦為樂。他曾經回憶自己的經驗：在他小學時因為遊戲發生意外而昏厥，當他甦醒過來時，已經躺在家裡的床榻上。次日早晨，頭還有些暈，想到學校要考試，自己也沒什麼把握，就託病請假休息。接下去的日子，更覺得暈眩，加上不想上學，而持續請假。

日子一天天過去，父親到處為他找醫生看病，但未見好轉。請假就這麼持續了一段時日。有一天，他躺在病榻上，無意中聽到父親和朋友的談話：「我真不曉得該怎麼辦？家中積蓄都已經花光了，孩子的病卻未見好轉。」容格聽到父親憂心的話後，心想：「天啊！我的病竟然給父親造成這麼嚴重的困擾。」於是他暗下決定，第二天一定要恢復上學。不過，次日他才走到半路就暈倒了，被攙扶著回家。再次日，他還是決心去上學，在同學的陪伴下到了學校，可是課才上到一半就又倒了下來，又被送回家。第三天，他還是堅持去上學，終於撐完全天的課。容格回憶這件事時說：「當時我已經了解什麼叫精神疾病了。」

你要教導孩子成材，就得教會他們一些基本的工具或紀律，這樣他們才會精進和健康，才能積極振作，去面對種種的困難，締造成功和幸福。因此，最起碼要培養以下幾個心理紀律。

先苦後樂

所謂先苦後樂，就是先付出再享受。先面對問題，承受勞苦，等解決問題時，就能增加快樂，同時能增強自己面對挑戰的能力，創造更多的幸福。

孩子其實在幼兒時就已經學會這個法則了。父母會提醒孩子，玩具有時要讓給別人先玩；吃糖果時，要和同伴分享；上學回家後要先做家庭作業，再看電視或上網遊戲。懂得先苦後樂的孩子，不但能累積經驗和能力，也能奠定感情方面的善緣。他們能給別人方便，別人也會回以善意；能給別人溫暖和支持，別人也會投桃報李，從而產生好的人緣和友誼。

孩子如果缺乏這個習慣，先是好玩而不做功課，接著就會成績低落，放棄學業而成為問題學生。由於他們不懂得先付出代價去關心別人，因此得到的友誼和支持也比較少，更促使他接近不良同儕，漸漸走向失敗的生活模式。這些年輕人不但沒有耐心學習一技之長，也沒有耐性工作，總是抱著玩樂的心態，先吃喝玩樂再說，因此無法控制收支平衡，接著幹起偷竊、搶劫和違法的勾當。

這些人即使有了婚姻，也很容易破裂仳離。如果沒有經過治療，無法學會延緩報償，不良的行徑就會持續下去，因而釀成更多的困境，隨之而來的是挫敗和沮喪，促使他走向吸毒，甚至發展成精神疾病。

所以，讓孩子學會先苦後樂的紀律，便是帶他走向成功光明的第一步。從小就養成先苦後樂習慣的人，懂得先用功，再享受遊玩和好成績的快樂；懂得先付出代價，再獲得豐收的成果。他們在長大成人後，必能兢兢業業，對於工作的安排比較有規律，因而獲得較多的成就，生活也比較健康快樂。所以，為人父母者要注意的是：

1. 父母要做好榜樣，不能光說而不示範。

2. 要用愛和耐心，引導孩子實踐先苦後樂的紀律。
3. 當孩子表現出好的自律時，應予以肯定。
4. 要讓孩子了解問題不會自己走開，要設法解決。
5. 不要以為孩子長大自然會變好，自律的精神從小就要培養。

父母若能依上述原則教導孩子自律，就等於給了他一項成功人生的禮物。

承擔責任

人在一生中，難免會面對許多的問題，如果我們凡事認為「那不是我的問題」，就會把它推卸到別人身上，接著便會找許多藉口，把責任推掉。結果問題還是圍繞著他轉，把他困住，甚至引發心理失常。

不過，負起責任也要恰到好處。有許多精神官能症的人，便是負起太多責任，把不是他的責任也攬到自己身上；而人格異常者則是把責任推得一乾二淨。精神官能症者遇到挫折和困難時，自動認為是自己的錯；人格異常者則把責任推給別人，認為那是別人的錯。因此，一個人要能看清自己的責任，並願意做正當的回應，設法解決問題，才是維持健康和幸福的基本要件。

有些父母親當孩子在學校出了問題時，常一口咬定絕對是學校或老師的錯，這不但會造成不肯負責的態度，而且等到孩子的問題加重時，又會說這是孩子的錯，「孩子把我逼瘋了」，或者說「我全是為了你，而受了許多苦」。當他把責任加到孩子身上時，孩子也會因為壓力過大而變得人格異常，接著又把責任推給別人，或者發展成精神官能症，把責任完全歸咎於自己，造成情緒失常或心身疾病。

釐清責任，負起責任，會讓一個人身心健康，心靈變得自由而強壯。逃避責任是由於自己的無力感，把責任推給別人則讓自己陷入更無能和空虛的境地；至於把責任都歸屬於自己，則會因為無助和壓力，而衍生更多的心理困擾。因此，父母要懂得教育子女正確地承擔責任：

1. 釐清責任，教孩子負起該負的責任，例如幫忙做家事、招待親友、整理書房寢具等。

2. 透過指導和協助，讓孩子有能力承擔該負的責任。

3. 父母不能把責任都推給子女，亦不能全部一肩扛起，不讓孩子負起應該承擔的責任。

4. 適當的責任身教，比言教更能發揮效用。

教孩子適當負起責任，能讓他們變得能幹、有信心，從而發展多方面的能力，拓展自己的視野。這麼一來，孩子在人生的舞台上，就有更開闊的空間和選擇的可能。因為能幹、有信心的人，往往有更多的選擇自由。

面對真實

人對於生活和工作的情境，看得越清楚，掌握的真實性越多，就越能有效回應，做出明智的決定。就心理生活而言，能面對真實的人，就少掉許多虛偽和負擔。

其實每個人心中都有一張意識地圖，用來指引方向，尋找目標，判斷自己與別人之間的關係。而這地圖必須正確，才不會迷失，造成挫敗和困擾。由於現代人所處的環境不斷在改變，所以心中的地圖也必須配合現實環境的變遷，做適當的修正。我們不可能用過時的地圖，找到新的地標；也不可能以兒時的態度，去應付成人世界的種種活動。

孩子是依賴的，是聽從父母的旨意去行動的，但成年的生活則必須依據現實，做正確的思考和抉擇。因此，接受嚴格管教的孩子，有可能因為屈服而不敢面對現實；而受父母溺愛的小孩，則因缺乏面對現實和獨立判斷的經驗，而不敢面對新的環境，或者用過時的方式去回應新的現實。其實，許多不良適應的心理症狀，都是使用舊的意識地圖去面對新的現實，而惹出來的困擾。

因此，父母必須帶領孩子一起面對現實，從中學習思考、判斷和行動，以成熟的態度解決問題，培養面對真實的能力。

此外，父母不應該對孩子撒謊，隱瞞真相。比如父母面臨失業、疾病或經濟問題等，與其用白色謊言來掩蓋，不如做明智的討論，一起面對和解決問題。尤其是孩子犯錯的時候，與其責罵，還不如公開討論，讓孩子了解是非對錯。如果父母能有這樣誠實的態度，通常就能帶動孩子面對真實的勇氣和思考習慣。

保持平衡

人的健康、成功和幸福，都建立在平衡上。學習和遊玩、工作和休閒、收入與支出、感情與理智、自利和利人等，都必須保持平衡。只是，為人父母者若一再口頭告誡孩子要保持平衡，但在孩子面前卻經常出現失衡的狀況，就是做了不當的示範。

保持平衡的關鍵就是割捨。要負起責任，但也要捨棄不是自己的責任；要懂得先苦後樂，但在無妨的情況下，也要自然的享樂；不讓憤怒隨意發作，但也能在適當情況下表達憤怒。保持平衡可以讓我們自由，減少壓力和偏頗，避免自己陷入困境。

其實孩子在很小的時候，就學得會平衡和割捨的道理。父母親可以教導孩子不要一次把糖果吃光，留些明天再吃，割捨今天貪吃的念頭，保持了明天有糖吃的平衡；學童少看一個電視節目，就有足夠的時間複習功課，爭取較好的成績。學會平衡的拿捏，能在適當時機捨棄該割捨的欲望、行為和意識，可以讓一個人生活效能更好，保持生命的活潑，自我功能隨之提高，因而創造更多的成功和幸福。

建言：紀律帶來成功

好的生活習慣帶來健康和快樂，正確的學習習慣則創造出好成績；工作習慣好，效能就提高；作息習慣妥適，精神體力隨之旺盛，它們都是靠本文所述這四個心理紀律所衍生出來的。要培養孩子成材，就得從小培養先苦後樂、承擔責任、面對真實和保持平衡這四個心理素質，並且從父母的身教和生活習慣做起，言語上的教誨其效果畢竟有限。

13 維護心理健康

心理健康的人樂於面對生活的挑戰，情緒穩定，身體也健康。他們抗壓性強，自我功能健全，無論在個人生活、婚姻及家庭，乃至職場上的績效，都表現得穩定而良好。

心理健康的人比較沒有負面的情緒，例如憂鬱、焦慮、敵意和暴力，因此他們的人際關係較佳，社會支持多，生活與工作的表現自然良好。現代人生活在一個快速變遷的社會，挑戰多，壓力大，只有心理健康的人，才能勝任愉快。

心理健康與個人的人格息息相關，而人格發展的主要時期是在童年結束之前。更確切地說，童年的生活經驗，是影響人格最多的關鍵，一個人的知覺、動機、行為和適應方式，都奠基於童年。它的影響因素包括文化、社會階層、家庭和遺傳，但一般而言，個體早年的家庭生活經驗，是人格形成的主要因素。

人格是指一個人適應環境的整體特質。從諸多實務中觀察得知，人格發展越健全，心理健康的水準就越高，而人格發展有四個素質深深地影響個人的心理健康，這些素質都必須透過生活教育來培養。

人格自由度

現代人都很重視並強調自由，卻因此而造成有些孩子被縱容和寵壞。我們很容易在公眾場合看到，父母任由孩子喧嘩大叫，干擾周遭的人，甚至動手破壞公物。這種放縱任性的行為，不但沒有增加人格的自由度，反而會助長孩子撒野，更無法建立自我控制。一部不能控制的車，能自由行駛在行車道嗎？一個缺乏自制和自律的人，能有心靈的自由，做正確的抉擇嗎?答案是顯而易見的。我這並不是主張嚴格管束，而是要教導孩子自我控制的能力。

孩子應該學習多才多藝，要在日常生活和做家事中學習；要在父母指導下嘗試，從協助辦事中練習；也可以在參與親友活動和社區活動中學習。他們待人接物方面越能幹，自由度就越高；學校課業越是主動學習，適應學校的自由度越好；基礎能力學得越紮實，在選擇生涯和職場的活動上，也就越自由。此外，孩子的信心越強，嘗試新挑戰的動力和自由度就越好。

人格的自由度大，承擔和接受責任的壓力就小。總之，能幹的人有較大的人格自由度，他們能做的事情較多；適應能力好的人也有較好的人格自由度，他們心理壓力少，面對學習和工作都顯得較為輕鬆。

孩子要在父母的協助下，做許多事，讀許多書，學習各種才藝，給他們能力所及的適當責任、功課和任務。孩子越能幹，未來的自由度高，表現自然卓越。其教導的原則是：

1. 給孩子能力所及的工作和功課，特別是家事和一般生活事務。
2. 協助他完成，以獲得成功的經驗並建立信心。要先教會他怎麼做，才放手讓他做。
3. 肯定孩子的表現，對於做得好的應該表示欣賞；做得不夠的，要加以指導。
4. 父母要陪著兒童一起做事，邊說話邊互助，這是兒童最喜歡的情境。

孩子變得能幹，基本能力強，他們就有主動創造的意志力，能應用種種素材開展其潛能，這就是人格世界的自由。

接納個體性

每個人都是唯一的、獨特的，其人格都有他的個體性。他必須活出自己，而不是羨慕別人，或想把自己變造成別人。事實上，也沒有人可以把自己變成別人。因此，當一個人不能接納其個體性，依自己所有的能力、興趣和環境實現其人生時，他就會陷入嚴重的困擾，甚至造成心理疾病。

一個人心智的健全度，就建立在個體性上。每個人都必須要用他手上所擁有的資材，去創造和實現；透過學習和成長，活出自己的光彩。心理學所強調的自我實現，也就是這個意思。從實務經驗中，我看到那些不願意當自己的人，因此而變得空虛難耐，於是設法逃避自己，透過酗酒、吸毒、賭博或沉迷於網路，來麻醉自己。

要避免不能接納自己的情況發生，父母就必須重視孩子的教養，特別是平常的教導方式和態度。如果父母不斷地批評孩子，經常忽略孩子的本質，強制他接受父母的目標，那就可能產生不能自我接受的現象。

心理學家迦納經過多年的研究，提出多元智慧的理論，它包括語文、音樂、數理邏輯、身體動覺、空間關係、人際、內省和觀察自然等八大類，以及少數的特殊智慧，如直覺、宗教等等。因為每個孩子的能力和性向不同，學習的方式也不一樣，智慧的結構自然各異。如果疏忽因材施教，未能肯定孩子的優點，而汲汲於功利，強制孩子符合父母的目標，那孩子的個體性就會被抑制下來。

此外，在每個孩子的意識世界，甚至更多深藏在潛意識裡，都有一個強大潛能，隨著環境和教育自然地發展出來，成為個體的自我素材。如果父母否定這些潛能，而強制其另尋發展，即使能獲得成績，得到掌聲，他還是不能成為完整的、能自我接受的自己。

一個能自我接受的人，是自在快樂的，他們有豐富的生活創意並知足，心理比較健康。反之，如果他不斷反叛自己，那他的人生就會被割裂，而無法統整。這些人往往生活在虛妄的想法中，而不能踏實清醒的生活下去。因此父母對子女要注意的教導態度是：

1. 肯定孩子的優點、性向和能力，建立其信心。
2. 協助孩子發展興趣，並指導他主動嘗試、延伸其成功的經驗。
3. 指導孩子該怎麼做，而非批評或貶抑其錯誤。
4. 無條件地接納孩子，用有能力的愛去扶持和關懷他。

每個孩子都是一個「獨特的我」，因此不應被父母拿來比較。有些父母經常拿孩子跟別人比較，不但會使孩子不能接受自我，而且會變得焦慮和膽怯。無條件地接納孩子，鼓勵他，支持他，教導他，孩子自然會發展出他的真我，與社會人群的互動就會和諧，而不是一場敵意的較勁和鬥爭。

發展社會性

個人與社會的整合如果是和睦的，表示他的人際網絡較大，人際支持穩定，這對身體健康、工作效能以及精神生活等，都有正面的助益。所以，父母一定要注意孩子人格的社會性，幫助他發展人際關係。目前，有許多國家非常重視這部分的教育，甚至設有專門課程教育學生，例如英國及澳洲都有類似「人際關係教育」（Human Relationship Education）的課程。

從諸多研究中發現，孩子與父母的關係是溫暖的，他們到了中年之後罹患疾病的比率較低；此外，人際能力好的人，合作學習和團隊工作的效能都比較好。今天已經不是單打獨鬥的時代了，而是團隊合作的時代，個體的社會性應予以充分的重視。

孩子如果有人際方面的障礙，常會演變成與同儕之間的衝突，更加深其孤立和創傷。從實務中發現，人際障礙、孤僻和敵意較強的孩子，長大成人後常會出現更多的人際焦慮，無法勝任需要團隊合作的企業文化，容易造成挫折和失業。

人際焦慮同時出現在自卑、羞於與人交往的人身上。他們有較強的嫉妒和不合作的傾向，容易出現神經質的行為，易於嫉妒別人，貶低別人，甚至發展成反社會規範的性格特質。在他的優越感背後，仍然有揮之不去的強烈自卑。所以我們要特別注意孩子的人際自卑，要引導、協助孩子的人際適應，而最根本的要領是：

1. 給孩子愛、信心和希望；協助他獲得成功的經驗，從中克服自卑建立自信。
2. 協助孩子與同儕合作學習，越早進行越好。
3. 幫助孩子了解同儕，由互動的經驗中學會同理和人際互動。
4. 指導孩子關懷別人，尊重並肯定別人，幫助別人獲得成功，這能讓孩子獲得人際整合。

孩子一旦有了成功的人際經驗，就不再退縮孤立，而能從自卑感中解脫出來，成為有信心與人交往的人。我們必須與別人合作，才能存活，獲得溫馨和友愛；人際互動使他與別人締結，形成互助、友愛和安全的關係，這是個體生存、健康和幸福的保證。

建言：找到生命的意義和希望

人的一生免不了有許多挫折、創傷和無可彌補的損失或絕望，特別是遭遇重病、面臨嚴重打擊時，生活會突然失衡，陷入精神生活的絕境。宗教和信仰可以給人更高的認知基模（schema），讓人可以接納它、包容它和統合它。宗教和信仰也可以幫助個人面對死亡、危急和重創，讓我們得以從絕望中，再度看出希望。

因此宗教教育是個人精神生活的一道防線。透過宗教或哲學的信念（信仰），我們重新看到希望，再接再厲，有勇氣活下去。這麼說來，高級宗教及信仰，是心理健康的最佳堡壘。它不是迷信、祈求和屈服於神的膜拜，而是看到生命的意義，領導我們活下去的勇氣。

孩子的心理或精神健康，就建立在人格的自由度、個體性、社會性和宗教性上，我們能為孩子培養這些素質，他們就會有健康和幸福的人生。

14

防範虛擬人格作祟

人格是指一個人恆常性的行為、思想、情緒和態度。就個人而言，有其一致性及穩定性：他今天表現得外向，明天也大抵如此；在某種情境經常出現緊張的情緒，處在類似的情況也會是一樣的。人格特質置根於個體的內在意識，個別差異雖然很大，但各個時代或文化，都會有其共同的人格特質。

虛擬人格是新一代人類的共同特質。由於他們生活在資訊化的社會裡，父母親工作的場所漸漸帷幕化，孩子看不到父母為生活打拚的現實，只看到他們穿著整齊去上班，以及回家時拎著吃穿用的東西。新一代的年輕人是在電視網路的場域中長大的，但電視和網路上所接觸的形形色色，未必與現實世界相符，因此他們所吸收的意識和觀念，往往是虛構的、戲劇的、特殊狀況的，甚至所念的書中，有關社會、人際和品格等觀念，也只不過是經由認識而停留在腦化作用（cerebration），不能真正達到體驗的程度。在此我們稱它為虛擬人格特質。

新的一代知道很多，想像力豐富，創意也不錯，但觀念與現實之間卻有些疏離。這使新一代的年輕人在踏入社會時，常遭遇到比較多的挫折，有些人甚至因此而憤世嫉俗，認為是社會出錯，而不是自己適應能力及方式有待學習及調整。這錯誤的認知讓他習於推諉責任，使自己陷入社會適應的困難。

虛擬人格特質

因為成長環境的關係，新一代的年輕人多少都有虛擬人格的特質，但個別差異卻很大。虛擬特質較輕的人，經過一段時間的學習和磨合，在踏入社會、面對現實的挑戰之後，就會適應過來。他們透過豐富的知識、想像和創意，把現實當作新的舞台，創造了新的事業和前途。

但虛擬人格特質嚴重者，則會拒絕面對現實，並且假設這個社會是錯的，久而久之便會走向性格異常，產生更多的困擾和壓力。他們的共同特質是：

1. 不能面對現實：甚至逃避現實或否定現實。
2. 缺乏耐性：因為現實對他是一種威脅，因此他急於推諉。
3. 眼高手低：理想與抱負水準遠高於現實，因此對工作沒有興趣，甚至感到沮喪。
4. 人際障礙：由於在網路上交友成習，不習慣現實生活中的人際互動，因此漸漸在現實生活中被孤立。
5. 堅毅度低：對現實的種種挑戰，容易產生挫折感。
6. 自我功能和信心不足：不敢面對現實，走不出去，只能躲在家裡。

7. 情緒障礙：發展成負面情緒，產生焦慮症和憂鬱症。

孩子的虛擬人格特質過重，就會漸漸對現實的功課和生活缺乏興趣。他們投注更多的時間在網路上，甚至漏夜逗留，網路成迷或成癮。這時如果加以制止，而未做適當的輔導，孩子就會流落網咖，有時幾天才回家。他們脫離現實越遠，父母的擔憂和困擾就越深。

有虛擬人格的青少年，另一種常見的現象是厭學。他們不肯上學或中輟，成天躲在家裡，尋求避風港似的走不出去，不然就是停留在原地，不肯上進。他們找藉口辦理延緩畢業，好繼續花父母的錢；託辭要考試，卻迷失在家裡的網路。這些人還有一種共同的特質，就是他們的興趣並不明顯，性向發展也不清楚，因此使用測驗未必能真正測出他在現實世界中的興趣和性向。

青少年越是脫離現實生活，就越容易以虛擬為實境，他在虛擬的世界裡架構了一個自我，形成虛擬認同。他與現實世界有了更多衝突，造成「我就是這樣」，而變得更容易衝動和憤怒。為了安慰自己，他在虛擬世界裡發展虛擬的友誼與親密關係，於是更下不了網路，更走不出去。

正確的教導

虛擬人格特質的人，最主要就是缺乏負責，及實際為家人做事的機會。這必須從小開始培養。如果父母能帶著孩子做家事，肯定他是個好幫手，孩子就能從中學會面對現實，以及解決生活問題的基本態度。孩子在三到六歲時，正在發展主動性，常主動想幫大人做些什麼，但如果由於你認為他做得不好而支開他或批評他，那他的主動性和責任感就會漸漸消失。

因此父母要有耐性的帶領孩子做些家事，這樣在童年結束前，孩子都能養成責任感。從參與諸多家事中，孩子學會面對真實生活的態度，有了這個基礎，就能發展出互相協助，也能幫助父母做更多的事。

孩子會從現實世界墜入虛擬世界的主因，常與缺乏成就感、得不到父母的肯定有關。無論是功課、家事或日常生活，父母都要多欣賞孩子，肯定他做得好的部分，這會讓孩子有信心和動力去面對責任。只要父母能多支持孩子生活和功課中的優點，孩子的自尊就會健康，願意去面對現實。

一個人如果長期遭受批評和指責缺點，做得好的部分不被欣賞，自尊自然低落。這是逃避責任，走向虛擬人格的重要因素之一。因此，當孩子變得越來越依賴網路生活時，父母如果再加以責罵和體罰，就會引發更多的衝突，讓孩子越掉入虛擬世界，無法面對真實的人生。

父母的錯誤教導方式，也是虛擬人格的成因。父母不問孩子的能力是否做得到，就要孩子去完成指定的目標；不協助和教導該怎麼做，就脅迫孩子去完成指定的事。這些要求本身就不符合現實，孩子當然容易有挫敗感，甚至產生一種心理失常的內在對話，「我很想表現給你看，但我辦不到，所以我沮喪和無助，我只能逃避現實」。

虛擬人格所表現出的不切實際的觀念，正在我們的社會中蔓延流行。我們談生命的愛，卻扭曲狹隘，只談對小動物的愛，疏忽了教導人際的愛，以及對父母的孝道和關愛，結果大家都在愛寵物，而把家裡的老人家給遺忘了。孩子受教育則標榜名列前茅和考上明星學校，而不是培養求學的興趣和思考研究的能力，甚至認為只要大學畢業就好，而忽略對生涯做整體的規劃，這使許多大學生無法在職場上就業，或就業後無法稱職。

疏離表示一個人的生活不能與現實相對應，他或許做了很多事，卻無益於改變現實的困境，不能為自己帶來些許成就或生活改善。這樣的問題通常來自野心和奢望。教育子女如果抱著一顆野心，不久就要碰上大困擾。一位年輕的父親告訴我：「我期待孩子將來是一個有大成就的人，所以我每天都提醒他要努力用功。」我建議他說：「世界上最偉大的事情是面對真實，而不是抱持野心。依我的觀察和研究所得到的結論是：越能用智慧去面對現實的人，他就越能獲得成功。」

關鍵的因素

虛擬人格的人無法面對現實，同時也是沮喪和悲觀的。相對的，正常的人格特質是什麼呢?他們在現實世界中能回應生活的挑戰，而且積極性和堅持度都不錯，能在種種挑戰中獲得成功。他們的特性是行動的能力、堅持下去的動機和樂觀。其中，樂觀是成功人生很重要的因素。

依據心理學家馬汀・塞利格曼的研究，悲觀的人比樂觀者更能正確地看這世界。那麼為什麼悲觀的人容易變成虛擬的人格特質呢?因為悲觀者容易被真實世界嚇壞，以致沒有能力應付它，更沒有動機堅持下去，於是便選擇逃避，卻反而受到現實世界的擺佈，因此而成為一個無法面對現實的沮喪者。

樂觀是健全人格特質的關鍵性因素。樂觀與悲觀的分野，在於對事情的解釋型態。樂觀的人在碰到挫折時，會相信那並不是永久的絕望，也不是自己能力不行。但悲觀的人則會把挫敗看成永久的失敗和自己的無能。由於虛擬人格源自歷練不足、成就感不夠和信心薄弱，他們也就同時併發了悲觀的解釋型態。

悲觀加上虛擬的特質，使人愈形沮喪，更無法面對現實，因而採取更多負面的態度，這是造成憂鬱症流行的原因。樂觀與悲觀的解釋型態或思考模式，在兒童時期就已經定型了，因此父母必須認清這個關鍵課題，學習用樂觀的思考模式去教育孩子，在平常言行和管教方式中，直接影響孩子的思考模式。

建言：樂觀面對現實

面對現實，接受挑戰，是孩子人格健全發展的資糧。只要你能用愛心、關懷、肯定和支持，去引導孩子面對現實，解決問題，就能發展出孩子的信心、能力和良好的動機。不過，還有一個關鍵性的因素：樂觀的思考模式。父母若能以樂觀的態度教導孩子面對現實，孩子就一定能成材。

15 實現快樂的生活

快樂的人生活品質好，思考力清晰，抗壓性強，因此身心比較健康；不快樂的人即使生活在順境裡，仍然領受不到樂趣和歡喜，他們有較多的沉悶、空虛和鬱卒。快樂的人比較能過實現的生活，不快樂的人有較多的防衛性，心理比較沉重。

然而快樂是創造出來的，並非靠想像或尋找娛樂得來的；快樂是從生活中自然表現出來的，不是用追求或尋歡作樂得來的。快樂是一種積極的生活態度，它們在童年結束前就已經形成，因此父母要重視孩子快樂行動的養成。

快樂是人生的主軸，成功的人生就是從快樂的行動力中孕育出來的。在宗教或深層心理方面，快樂、喜樂或法喜，一直是它的目標。西方極樂世界、天國都是快樂的國土，那些懂得快樂或喜樂的人，都與祂們相應，歸屬於那個世界。

快樂並非享樂

我們常聽到許多人說，要孩子快樂學習，希望孩子在快樂中成長茁壯。但也有許多人對快樂的本質並不是很清楚，以致在教導上發生錯誤或偏差，從而影響孩子的正常發展和未來的前途。

所謂快樂（happy），是指願意去學習和參與，從中獲得信心和解決問題的能力。他習得的能力越多，參與的活動越豐富，就越有主動面對挑戰和解決問題的快樂。孩子們願意在功課上多花點時間練習，有能力解答老師的考題，他便會覺得快樂，而這種快樂是無法以其他喜樂來代替的。因此，當他們覺得自己有能力應付某些生活問題時，會覺得喜悅、自信和快樂。此外，他們每做完一件事便學會一項新的能力，如果受到重視和肯定，那也是快樂的來源。

反之，享樂（pleasure）是建立在感官的滿足上。享樂過度會使人好逸惡勞，享受閒散，或者恣情縱慾。孩子如果從小就學會好逸惡勞，只知享受，不肯學習和負起責任，那他所需要的享受便會越來越多，面對現實和接受挑戰的能力卻會日益不足，於是索性逃避現實，尋找樂子。他們不務正業，找些玩伴群聚終日，言行均不及義；他們為了感官的享樂，吸菸、喝酒、進娛樂場所、吸毒等等，盡是做這些需要花錢的事，可是又無心去賺正當的錢，於是便找捷徑去偷竊、搶奪等等，終將走向不快樂的人生。

父母親如果願意帶領孩子多讀書、多學習、多參與，孩子就會越來越能幹而有信心，漸漸學會主動學習，妥適處理自己的日常事務。此時父母可以在一旁給他協助、指導和肯定，就能讓孩子快樂的學習和成長。培養孩子良好的自我功能，是促進孩子快樂的主要原因，其重點有三：

1. 指導他學習解決問題的能力，並予以肯定和欣賞。
2. 全家人都必須養成好的情緒習慣，孩子的情緒自然會受到陶冶。
3. 在成功的經驗中培養信心，他們的毅力和快樂自然能表現出來。

從孩子的生活和學校課業中，逐漸培養其自我功能，是孩子發展快樂人生的最佳起點。不過，這項學習不能以強制和逼迫的方式，他需要父母的身教和鼓勵。因此，父母親首先要避免恣情縱慾的身教。誠如老子所說：「五色令人目盲，五音令人耳聾，馳騁田獵令人心發狂。」父母能在生活中兢兢業業，開心地面對生活和學習，孩子自然學會勇於面對現實和快樂成長的態度。

自我延伸，不是自我中心

孩子一開始是自我中心（ego center）的，他只想到自己需要溫暖、吃食、安全和感情的擁抱，這是嬰兒誕生時自然出現的本能，只要無法滿足他的需要，他就會大哭大叫，以爭取注意，尋求餵哺和保護。

嬰兒在成長過程中，得到的關懷和溫愛越豐富恰當，安全感的發展就越好，原始的不安和自我中心就會慢慢鬆脫。到了兒童時期，他已經能夠照顧弟妹，甚至有愛心去扶持同學，把自己的想法和感受延伸到別人身上，開始學習友愛，這就是自我延伸（ego extension）。這個發展過程有很大的個別差異，因為有些孩子即使到了青春期，仍還保留著相當多的自我中心，甚至變得更嚴重，而成為精神疾病。這種現象往往是缺乏愛，受到冷落、遺棄和虐待所造成的。

我從實務經驗中發現，有些父母並沒有不愛孩子的想法與疏忽，但孩子到了國小卻還相當退卻和防衛，這種情形有可能是所謂意志薄弱的孩子（weak willed child）。不過在晤談中，我仍然發現他們未能一步一步陪著孩子，去做一點關懷別人、肯定別人和幫助別人的事。父母疏於在日常生活中帶動孩子與他人交流，學習互相幫助，孩子就不容易從自我中心的原始意識中走出來。

雖說父母要給孩子充分的愛，但並不只限於哺餵、照顧和感情，還要注意自己的態度。像愛之深、責之切對孩子就不好；父母親間缺乏友愛、幽默和快樂的氣氛，尤其是婚姻生活的緊張和怨懟，對孩子的安全感傷害更大。追蹤研究指出，不快樂的人一般都有不快樂的童年，他們的自我中心也都比較強。

自我不能延伸，就不容易了解別人，很難以同理心和行動去跟別人建立較好的人際網絡，這樣的人自然無法與別人合作學習，得不到同儕間的討論和啟發，成績自然會受到影響。這些孩子常覺得孤獨、緊張和焦慮，容易造成人際障礙，產生更多的問題，自然是快樂不起來的。

因此，父母要從孩子幼兒期開始，親自帶領孩子協助他與同儕互動，而在參與幼兒的互動中，應多表現：

1. 表達關懷別人的態度，學習怎麼互相禮讓，輪流玩不同的玩具，或共同遊戲等。在家庭生活方面，也要學習關懷家人。

2. 學習肯定和感謝同儕，告訴對方「我們一起玩得很開心」。當然，也要學習對父母或家人表示感恩。

3. 願意幫助別人完成某些事，例如幫助玩伴收拾玩具，幫助家人做家事等。

孩子的自我延伸還包括接近大自然，參觀各種展覽，參與家族或社區的活動，諸如慶典、婚喪喜慶等。孩子在父母的帶領下參與這些活動，有助其自我的延伸，從而幫助他發展人際、信心和互助合作的能力。

自我延伸越好的孩子，功課和品行都越好。長大成人後，其社會適應性較佳，獲得發展的機會也比較多。更重要的是，他們快樂、健康和自信，具備未來成材的重要潛能。

識大體，不要太在乎小節

生活是一個複雜的結構圖，常有許多事情同時發生，等你去處理，有許多需要和目標等你去完成，也有許多情緒和困擾干擾你的判斷。人的大腦必須在龐大資訊中，找出生活和工作的重心，修護所受到的挫折，保持良好的運作功能。因此，人必須把握重點，識得大體，凡事要有本末先後，不能把芝麻小事當大事幹，也不能丟下重點不顧，而去理會那些雞毛蒜皮事。識大體的人為人處事有分寸，有重點，他們把心思和精力做了最好的運用。

面對生活，難免碰到許多小挫折和大困難，但有些人分不清楚什麼是小挫折，什麼是大困難，只要一有挫敗就陷入紛擾和悲愁，而把正事停下來，哀聲嘆氣，抱怨連連。比如說，受到同事或朋友的批評，或與他人意見不一致時，有人會採取溝通的方式，或認為那是小事而不予以理會；然而，有人卻因此而生悶氣，或者刻意去較勁，反而浪費許多心力。

從實務觀察中發現，許多人因為小題大作，而把自己的困擾無限擴大，演變成躁動憂鬱，或者發展成疾患。也有些人在處理職場或家庭生活中的小摩擦時，採用不符比例原則的方式，大發雷霆，進行語言或肢體攻擊，演變成更大的困擾。所以，每個人都要懂得識大體，分清大節與小節，避免陷入用大砲打小鳥的不對等狀況。

然而，識大體這種能力，是從小慢慢培養起來的，它來自生活中的陶冶，而非來自庭訓中的要求；孩子是從父母和成人的世界裡，看到他們怎麼待人處事，並經過實際經驗，以及成人對他成功經驗的肯定，才漸漸發展成熟的。孩子學會這項能力，就能有效面對人生。

好習慣與不放任

行為心理學家總會提醒大家，生活的效能是建立在好習慣和正確的習慣上。人的好習慣若多於壞習慣，就能往健全的人生發展；但若壞習慣多於好習慣，那就往失敗的人生靠攏，而如果比例過重，就會形成心理偏差或精神疾病。

成功的事業建立在好的工作上，健康的身心建立在正確的生活作息上，傑出的學業成績建立在好的學習習慣上。因此，孩子要從小養成好的生活、作息、學習和待人接物的習慣。

目前，我們看到許多父母由於誤解自由的真諦，任由孩子放縱行事，沒有協助他們建立正常、基本的生活習慣，以致有不少青少年出現困擾或難題時，便把問題拋到父母身上。例如時間掌控的習慣不好，造成遲到、晚睡晚起、影響健康和學業等等；用錢的習慣不好，造成債務和卡奴，甚至發展成犯罪行為；情緒習慣不好，就造成負面的心境，家庭終日擾攘，甚至帶來心理疾病；待人的習慣不好，就容易產生紛爭或孤僻。

好習慣要越早養成越好。培養習慣要採取漸進、耐心和指導的方式，每養成一個小小的好習慣，父母都要及時給予肯定和欣賞。

另外，父母也要檢視自己的好習慣和壞習慣。設法把自己的壞習慣改正過來，孩子就不會模仿拷貝；相對的，好習慣要示範給孩子看，讓孩子當榜樣，從中學習。要注意的是，如果說的是一套，做的又是一套，那就很難培養孩子的好習慣。

建言：用行動創造快樂

快樂是用實際行動獲致的，不是等著或想著就會出現的。父母希望孩子成材，就親自示範，把快樂和享樂分清楚，把握住快樂，但也不是全然不懂得享樂。親自帶領孩子學習自我延伸，了解別人，與他人和樂相處，創造快樂，而不是死守著自我中心的窠臼。要識大體，分清楚重心和分支，搞明白什麼是小挫折和大困難，懂得把握重心去生活。最後要注意培養孩子生活、讀書和待人接物的好習慣。

快樂成功的人生是從行動中實現的，不是從說教中得來的。

16 提高學習效能

學校的功課和成績，是孩子生活中主要的課題。每一個孩子都關心這個課題，都介意自己的表現，甚至覺得壓力很大，於是有些孩子因為成績落後而焦慮，有些則乾脆逃避上學，甚至發展出心理症狀。

從多元智慧的觀點來看，每個孩子有其特有的智慧結構，擅長的智慧都不一樣，甚至連學習的方式也不同。例如有些孩子必須邊讀邊寫，畫出結構圖，才學得快，記得牢；有些孩子就要念出聲音，比手畫腳才記得清楚，用得靈活；有些孩子則在讀完之後，有機會說給父母聽，才能完全的注乎心，做完整的學習。

另外，學習效果的高低，與準備及程度有關。如果父母能經常和孩子說話，對日常生活中所遇到的事物、自然現象、活動和文化習俗等，隨機做清楚的解說，正確使用名詞，並指導其觀察和思考，那麼孩子的語言、思考和表達能力就會顯得聰穎，了解和學習任何素材都會比較快。不過，依我的觀察，不少父母下班回家後都已經累得說不出話來了，因此他們很少有和孩子交流、說話以及遊戲的機會，孩子的腦力發展不足，學習功課的基模不夠，學習效果自然低落。

學習的關鍵

孩子透過日常生活中的交談、試驗、觀察和思考，不斷吸收新的資料，形成腦力的同化（assimilation）過程，用所獲得的經驗和資料形成新的基模。一遇到待解決的新問題時，就用其基模去試探思考，想出回應的方式。所以，最根本的學習是父母所帶動的日常生活經驗、觀察、解釋和思考，只要這方面做得好，做得充實，孩子的學習能力就會提高。

其次，孩子到學校學習，最重要的是預習與複習，特別是學齡越高，內容的難度和複雜度增加，就更需要複習。經由研究調查發現，上課前有預習，課後有複習的中學生，其成績都比較傑出。預習能提高上課時的吸收和思考，複習能讓所學的東西深化，並載入長期記憶中。研究指出，學習之後如果二十四小時內不複習，有百分之八十的資料會被刪除，因為短期記憶庫裡必須保持淨空，以便隨時記下必要的資訊。在這段黃金時期如果能及時複習，那麼這些資料就會儲存在長期記憶庫裡，等到要考試時，資料很容易就可以被叫出來。

所以懂得用功的青少年，知道在上課前瀏覽一下，課後及時複習或回憶，等到考試時，很容易就能熟悉所學的內容。此外，父母親要幫助孩子訂定自習時間表。這很簡單，只要畫一條直線，在上面標記時間和所要完成的功課（包括預習和複習），就算完成了。孩子可以在規劃的時間內留下時間玩線上遊戲，父母也就不用擔心而頻頻催促，造成不必要的衝突和緊張。

再者，要注意孩子運動的問題。運動可以使腦子清醒，思考敏捷，注意力集中，特別是中學生最為明顯。每天運動的孩子其短期記憶的效能，比不運動者大百分之四十以上。

主動學習

孩子主動學習的習慣，最初來自父母的示範。在平常生活中常表現出主動學習，及對新奇事物有興趣的父母，他們的孩子通常也學會相同的習慣。我曾觀察訪問中學生，發現那些成績優異、思考敏銳的青少年，無論其父母的職業為何，大都具有主動學習的習慣。

主動學習與孩子的信心有關，自信心發展得好，阻抗（resistance）的現象就越不會發生。一般人對於自己不熟悉、新奇或新的情境，容易有防衛或懼怕的態度，以致不敢大膽嘗試，而讓自己停留在「現在的安樂窩」裡。孩子如果多些成功的經驗，就能克服阻抗，主動去學習新知和各種能力。

因此，父母要多肯定孩子，對其做得好、做得正確的事，予以欣賞和表示鼓勵，這種教養方式所帶出來的孩子，有較好的主動學習表現。反之，不事先予以提示和指導，老是挑他做得不好的部分，要求孩子改正，時日既久，孩子的信心不足，便會厭倦學習，特別是阻抗的心力會越來越明顯。

父母無法替代教師的教學功能，但卻可以幫助孩子從成功的經驗中，凝聚信心，產生主動性，在父母的引導中越戰越勇。從實務中觀察到，有些孩子的成績雖然並不傑出，但他們信心堅固，一步一步往前行，終究能有亮麗的表現。

孩子所接觸的生活經驗、學習的新知和閱讀的數量越多，越能幫助他建立廣闊的視野和信心，並引發興趣和主動性。而主動性的發展，就等於給了他持續力，去開展豐富的人生。

感情的支持

從嬰兒到青少年，孩子隨著生活經驗的增加，學習思考，漸漸發展理性。但他們的生活仍以感情為主體，而且年紀越小，感情的支持越重要。甚至到了青少年時期，表面上看起來已經漸漸具備獨立性，其實感情和情緒的不穩定性仍然相當明顯。

孩子的感情世界如果能得到較好的支持，父母能給予適當年齡層的愛，表達適度的關懷，允諾扶持成長的責任，對孩子保持尊重和了解，那孩子的感情世界自然就會穩定自在，對學校的課業就能更加主動學習。

孩子除了需要父母的支持和肯定外，更需要父母以穩定的婚姻、家庭生活的和樂等來鞏固其安全感，支持其成長過程中所必須經歷的種種挑戰。生活在父母經常交惡爭吵的環境下，或因破碎家庭所造成的隔代教養，都很容易破壞孩子的安全感，讓他產生更多的焦慮，無法專注的學習，不但學業受到影響，身心健康也受重創。

此外，父母的情緒狀況，與孩子的學習效能也有密切的關係。父母如果經常出現負面的情緒，例如焦慮、憂鬱和敵意等行為時，對孩子的干擾尤其嚴重。父母親的社經地位和收入，固然會影響孩子的學習，但比起家庭氣氛和情感，並不那麼深遠。父母情感的支持，對孩子的人格健全發展有決定性的影響。常言「人窮志不窮」，要維護孩子「志不窮」，就得以良好的情緒習慣來教導孩子才行。

另外，父母與青少年的衝突越多，孩子越有可能受負面情緒的影響，而造成中輟或厭倦學習。從追蹤資料中發現，青少年得不到感情支持，導致厭學或成績低落，甚至沉迷在網咖而不肯學好者，為數可觀。

思考的啓迪

孩子的思考習慣和模式，受父母的影響很多，其心智的發展，通常受兩個心理歷程的左右。其一是明朗化經驗（crystallizing experience），它是一種思考的誘發，而且通常都發生在童年早期。例如愛因斯坦（Albert Einstein）四歲時，他父親給他看一個指南針，而就是這個指南針，引發了他探索宇宙的願望。同樣的，當代小提琴大師耶胡迪・曼紐因（Yehudi Menuhin）在他不滿四歲時，父母帶他去聽舊金山交響樂團的演奏會，後來他要求父母送他小提琴，並請求那天那個小提琴獨奏者教他，就這樣，他走出了一片廣大的天空。所以，明朗化經驗可以說是心智發展的火花。

透過明朗化經驗，孩子可以發展他的多元智慧，激發他的潛能，創造更多的學習成果。相對的，另一種現象叫麻痺化經驗（paralyzing experience），父母親採取負面的方式，責罵或憤怒禁止孩子想做的學習和試探，這就會阻止智慧的發展。（詳細理論請參考《經營多元智慧》，遠流出版）

父母若能帶領孩子透過觀察、分辨、研究、討論、接納等思考過程，引發孩子學習的明朗化經驗，對往後的學習、興趣和思考創意，都有相當大的助益。

生活照顧的意義

孩子需要成人在生活上給予多方面的照顧，適當的照顧不但能讓孩子安心向學，專注用功，並能從中領會到愛和生活教育。不過，生活照顧要視孩子的年齡層，做不同的安排和回應，不能過猶不及。幼兒的照顧必須無微不至，但也要指導他做自己能做的事；而對於青少年，則除了必要的照顧外，也要視實際情況，給予孩子機會學習自我照顧的能力。

現代有不少青少年從小到大都受到無微不至的照顧，甚至連最起碼的家事和起居生活，都由父母包辦，這樣的孩子不但獨立性不足，自我功能不夠，而且在處理越來越吃重的學校課業時，常會有應付不過來的窘境。

父母對孩子的生活照顧，其目的在養成良好的生活習慣，而非寵溺。畢竟，那是他自己的人生，父母再怎麼捨不得，也是無法代替他過的。教導孩子生活的能力，學會對自己負責，能與人互動溝通，就能提升他們的自信心，學習的效果自然倍增。

建言：活潑的學習者

人的一生要面對許許多多的挑戰，無論是在健康、學業、婚姻或事業等各方面，都需要新知和能力，才能解決問題，適應新的環境和變化。因此，培養孩子成為一位活潑的學習者，具備好的學習效能，是教育子女成材的關鍵。父母應該把握這些關鍵因素，教導孩子主動學習，給他們感情的支持、思考的啟發和生活中必要的照顧，就能幫助他們提升學習的效能。

17 當孩子生涯的領航人

孩子的生涯需要父母為他來導航。但導航並不是替他決定未來的行業或職類，而是幫助他了解人生，發現自己的根性因緣，去實現自己的生活。父母是孩子人生的領航人，但要注意的是，不能為了功利，也不是為了恬淡，因為這是個人價值判斷的問題。父母要教導孩子隨緣成長，綻放生命的光與熱；要指導孩子創造幸福和快樂，並懂得與人分享，而不是要孩子汲汲營營於囤積；要孩子有能力勝任人生，而非成為貪婪的奴隸。

從實務中觀察發現，一個能接納自己，不貶抑、討厭自己的人，活得比較健康快樂。對自己的成就、長相或社經地位感到自卑厭惡的人，不但不快樂，同時也無法發展自己的才華和潛能。希望孩子成材，就必須給孩子正確的生涯指導。

一個人只要能接納自己，了解自己的性向和長處，發揮長才，就能建立信心，產生主動性，開展潛能而成材。這時生命的活力會醒覺過來，成為不斷成長和學習的動力。以下便是教導孩子發展生命活力的幾個觀念。

接納和實現自己

父母有責任要協助孩子學習基本能力，但是在生涯的發展上，必須依據每個孩子的天賦和性向，因材施教，做適性引導，接納孩子的本質，鼓勵他發展特有的天賦，這樣才能發揮潛能。有些孩子數理的天資好，將來朝理工科技上發展；有些孩子身體動覺好，他可以朝運動、手藝、工匠專業發展。這個時代，每個行業都有發展空間，只要學有專精，就能成材成就。此外，有些孩子的學習力比較快，有些孩子學得慢，只要鼓勵他們鍥而不捨，都能有各自的專業和本事。

不過，父母在指導孩子發展生涯時，要了解孩子，接納孩子，幫助他走出自我實現的道路，切忌拿孩子跟別人相比，避免讓孩子活在父母的野心期待裡。現在大家一窩蜂都要讀大學，以為只要有大學文憑，就具備謀生的能力。然而事實並非如此，現在的經濟生活型態，必須要自己有本事、有專長，而當技術工人，也正是一種專業和本事。這樣的專長，就是一種帶得走的能力，它讓人有信心，有能力去就業謀生，因此他們的自尊健康，對自己的前途充滿希望，能快樂踏實地面對人生。

孩子越能接納自己的本質，充分去發揮自己的天賦，就越能走出光明的未來。反之，抱持自貶又不愛惜自己的人，很難走出自己的未來，甚至會造成心理鬱卒，或頹廢地過一生。

隨緣學習成長

社會變遷非常快速，生產的技術不斷更新，產品、市場和消費行為快速變化，如果不能養成隨緣成長、主動學習新知和技術，就無法在職場上勝任愉快。知識和技術都有一定的半衰期，如果沒有主動學習的習慣，就很容易失業，賦閒在家。

所以，培養孩子學習的興趣，是父母引導孩子適應社會變遷很重要的一環，而學習的關鍵就在熱情和主動。眼前也許可以用高壓強制的方式，暫時提高孩子的成績，靠著種種被動填鴨的教育，表現學業方面的成就；但在完成制式教育，踏上職業升涯後，就必須在工作中不斷學習。學習心理學家研究指出：職場上的新知和專業，有百分之七十五，是從工作中研究和學習得來的，而從書本中能學到的東西只有百分之十五，另外百分之十是從聽聞中得來的。

父母要引導孩子隨緣學習，讓他們在學校裡學習課業；在職場體驗活動中，學習工作態度；在旅遊和休閒活動時，學會安排和計畫；在參觀和實習中，學會觀察和建設。父母親不能把眼光局限在學校的課業，不能只看學業成績表現，而要重視安排各類學習環境，培養孩子主動學習的能力。

主動學習來自個人的熱情。熱情是每個孩子都有的天生本領，它促動孩子好奇、試探、了解和創造，但是當大人過度以功利之心去看待、脅迫孩子學習時，熱情就會被焦慮給抑制，主動學習、思考和創意也就跟著停頓。這是現代神經心理學家，期期以為不可的事。

帶動孩子學習的興趣，用各種活動引發孩子學習，把天生的好奇和學習熱情維持下去，是給孩子一生很貴重的財富。

生活的工具

孩子需要一套有效的工具才能生活下去，才能面對種種挑戰，解決問題。在學習方面，他要懂得學習的方法；在人際方面，要知道怎麼與人溝通和相處；在生活作息方面，要有一套好的習慣。成人世界就是這樣：想演說和寫作，就得磨練思考、文字和口語表達；想演唱和演奏，就得學會音樂的種種專門素養；想經商，就要懂市場、銷售和計算。有了必要的工具，才能解決人生的各種難題，才能活得健康快樂。最好能鼓勵孩子早一點紮下厚實的基礎，學習更多生活的工具和技能。

好的生活習慣，便是生活中很重要的一項工具。父母必須在孩子童年結束前，培養其好的生活作息習慣，並在青春期謹慎的設法保持。現在有許多人生活毫無章法，別提謀生的工具不純熟，連維持正常生活所必須的習慣都無法建立起來，他們顯得缺乏教養，凡事無所謂，更嚴重的是還自吹自擂的說：「我就是這個樣子。」

一個人想要在待人處事上成功，就得具備待人接物的能力，這也是一套必要的工具。孩子如果從小沒有學會與同伴相處，缺乏同理心，未能體驗互相關懷、肯定和互助的活動，長大成人後的人際互動常會出現障礙，會在家庭、婚姻、職場等方面，造成孤立、敵意和衝突。

語言也是一種重要的工具。在這全球化、國際化的時代，欠缺國際語言便很難施展得開，特別是英語，因此我們要及早協助孩子學習外語。語言的工具也包括對文言文的了解，它幫助人了解文化，協助簡練的表達，以及從詩詞及古文學中得到人生的陶冶。我們要避免用刻板的觀念去看古文，而要用兼備的角度去運用它的工具價值和精神，以開啟它的效用。不要因為現在覺得好像沒什麼意義，而書到用時方恨少，我相信指導孩子念起碼的古文，對他會有很大的助益。

品格的重要

品格是孩子幸福人生的核心，但眼前卻有許多家庭不重視它，忽視它，甚至還懷疑地說：「品格值幾個錢。」事實上，品格使人上進，待人接物有為有守，避免誤入歧途。在心靈生活的層面上，它使人有愛心，行公義，為社會服務，因此身心靈都更為健康和穩定。維持人生價值的精神動力，就是品格。

心理學家威廉・葛拉塞（William Glasser）針對中小學生做了許多研究，發現品格好的孩子，平常待人接物較為得體，和老師相處融洽，溝通討論頻繁，學習刺激較多，合作學習的效果較好。這些孩子不但人際互動好，學習效果和成績也比較高。

葛拉塞進一步指出：個人能成功地自我實現，需要具備基本的素質，那就是面對真實、負起責任、道德（即品格）涵養和參與能力。其中道德是很重要的心理品質。

二十一世紀的前後，有許多大師級的人物紛紛出來呼籲，品格和倫理是人力資源中，很重要的因素。例如馬凱亞・波特（Michael E. Poter）就指出，品格是人力資源的主要部分，它影響產品的品質，左右生產與環境的平衡等等。因此，每一個國家都在加強品格教育或道德教育。

一九九四年美國聯邦教育部通過「品格教育伙伴計畫」（Partnerships in Character Education Project Program），補助各州推動品格教育。日本、韓國及部分歐洲國家，相繼推動道德教育，重視孩子的教養、生活和人際互動品質。英國和澳洲等國家則以「人際教育」來教導做人的品格。如果我們不積極重視這個重要課題，國家和社會將會付出慘痛的代價。

品格教育最主要的內涵包括民主素養和公民道德。孩子要學習正確處理與個人自身有關的事物、與他人相關聯的事物、與團體社會有關的事物、與大自然及令人崇敬（或宗教）有關的事。特別是個人最基本的品格，例如責任、友誼、孝順、毅力、勇氣、誠實、自律、信仰等方面，都必須從小培養。

家庭倫理和孝道的傳承，要透過品格陶冶才能發揚光大。而生命教育和懂得珍惜自己的人生，更要結構性的品德才能產生效果。目前有不少學校教育和家庭教育都過於疏忽這項教育內涵，它不只會帶來社會、家庭和婚姻的不安，而且會引發焦慮症和憂鬱症的併發效應。依我多年的實務經驗，品格與心理健康的相關性是很高的。

建言：品格是生涯的磐石

品格是個人從其心靈世界，所發展出來的態度和能力。透過品格，人們能發展自己幸福的人生，能和諧與人共處，在參與社會團體中保持溫馨、人際網絡的價值感。品格是個人生涯發展的基礎，它必須透過身教、陶冶和參與互動中學習得來，不能以權威的道德主義，或者以威脅性的良心譴責來建立它的功能；這種方式只會造成不安和道德強迫症，對個人生涯發展沒有幫助。品格教育建立在身教、體驗、參與活動、閱讀和討論等方式上，才會真正奏效，引導孩子走向光明的人生。孩子幸福的未來，就建立在品格這塊磐石上。

18

強化品格的陶冶

孩子的品格發展良好，其心理健康、人際互動的態度、生活的規律性和對自己的責任感等，都會有積極正向的表現。品格的教養使一個人的一生有了方向和自律的能力，因此，我們要在家庭、社區、學校和社會中，構築一個學習網，讓孩子在好的環境中耳濡目染，學習正當的行為規範和態度，並在父母師長的教導下，學到完整的觀念和判斷。

孩子的品格教育通常以「伙伴計畫」（partnerships）的方式來進行，它需要大家一起來，社會和學校共同努力。然而，現今社會的整體表現，並不足以教化良好的品格，因為公理正義不彰，人際友愛不足。這時，如果家庭這一環也疏於孩子的品格教化，那孩子就會得不到教養而誤了一生。

孩子的品格一旦出問題，到了青少年時期，便會隨著其自主性和叛逆性的增強而開始出現行為違常，這是為人父母者必須警覺的。一般而言，家庭中的品格陶冶若能達到起碼的水準，孩子在這個五光十色的社會裡就不容易迷失。因此，孩子的品格教育要注意以下幾點。

豐富的生活體驗

孩子的品格和正確的行為規範，是從日常生活中養成的。從幼兒開始，只要孩子在你身邊，你就得做好榜樣，無論是工作、談話和待人處事，都要注意不違規，不兇暴，盡可能地告訴孩子該怎麼做才對。父母要在日常生活中表現禮貌、責任、尊重、友愛、秩序、民主的守法行為，不做好這些正確的生活教育，孩子正面的行為模式便會缺乏，不但行為容易偏差，更容易被不良組織給吸收。

我看到有些父母縱容孩子在公共場所喧嘩，甚至擾亂秩序，有的甚至帶領孩子違規或插隊，更有甚者，還表現出行為不檢、粗暴無禮的態度。父母示範給孩子看的這些行為，孩子長大之後很容易就拷貝、模仿出來，甚至於大人對父母的態度和奉養的情形，孩子也會從中歸納出孝道的義涵，成為他日後的行為樣板。

因此，孩子需要在家庭生活中，體驗勞動和責任的價值。從幼兒開始，就要帶他們做家事，在安全的範圍內讓孩子參與，給予肯定，他們的責任感和主動性就會發展出來，對他們的大腦功能及身體的靈巧也很有幫助。也許孩子的參與會打破你的碗盤，弄壞某些家具，但你不能因此而責備他，還是要帶著他做才行，這是學習必然的歷程。

父母對孩子有愛心、耐心和溫和的指導，而且只要孩子做到了就給予肯定，這樣的父母不但能教出聰明能幹的孩子，也培養出孩子的信心，和明辨是非的能力，這是他未來人生中很重要的資糧。

家庭的生活作息有規律，建立互不干擾的好習慣，長大之後，就能免除無法自制地上網，無視干擾到家人的壞習氣。孩子學習節制地使用零用錢，每天放學回來能做好時間安排等，都能幫助孩子發展自我控制的能力。孩子的自我控制能力越好，成績表現和品行態度就表現得越卓越。

因此，父母要及時把握品格教育這項工作，在日常生活中給予正確的教導，不然等孩子的行為出現偏差時，想補救就困難重重了。

文化的滋養

前面說過，品格教育需從生活經驗、教養和認知著手，最後形成習慣和氣質。而教養和認知的發展，則與文化通識的培養有關，當然也與父母的文化素養和為人風範有密切的關聯。

父母的品格表現得有教養，孩子自然會受到薰陶；長輩受到的文化陶冶越豐富，孩子也越能從中受惠。因此，父母要多鼓勵孩子閱讀。早在學齡之前，就該選擇孩子聽得懂的好書，每天抽一點時間念給孩子聽，特別是睡前念個十五分鐘；而所選擇的書可以包括故事、童話、傳記、遊記或科學研究等等，避免恐怖、暴力和殘酷的情節和描述。長此以往，孩子的知識性和為人處事的原則和道理，都能得到不錯的發展，語言及寫作的能力也會大大提升。到了兒童晚期，他們已經學會自己讀書了，此時可以在你的指導下讓他們自己選購好書，或到圖書館借書，養成良好的閱讀習慣。

再者，欣賞音樂、詩歌和藝術的活動，不但可以促進孩子的創造力，提升教養，而且對情意的陶冶常會產生意想不到的啟發效果。依我長期觀察發現，實施閱讀、欣賞和歌詠的家庭，他們的孩子有好的學習成果和教養，到了青春期也比較穩定、獨立和自信。

此外，我們也要指導孩子參與家族和社區的活動，甚至是擔任志工等。這些活動能培養孩子熱心公益、關懷鄉梓的態度和胸襟，這對孩子而言，是發展關懷社會、建構人際網絡的好機會。有少數的父母可能是因為忙碌，當學校要求孩子參與這些服務性的活動時，無法積極配合，而採取虛應故事的方式，這會對孩子的品格發展和社會適應產生負面的影響，容易與社會疏離，不但變得孤獨和焦慮，其學習動機亦會受到阻礙。

通達事理

父母親都期待孩子能通情達理，但卻有不少人被孩子的莽撞撒野氣得抓狂。說真的，要教養孩子通達事理，能夠坐下來聽完你的意見，願意與你溝通，是一件不容易的事。不過，孩子的通情達理，就是在家庭的溝通中建立起來的。

首先，要避免寵壞孩子，導致孩子缺乏生活的紀律和責任，否則當他們到了青少年時期，往往會變得霸道而不講理，自我中心，不易溝通，或者一意孤行，因而造成生活適應困難，成績低落，終致產生偏差的行為。一般而言，導致孩子不講理的因素，除了缺乏溝通的習慣外，就是被溺愛寵壞，最常見的是：

1. 把孩子排在第一位，以孩子為中心，事事遷就他，因而養成其自我中心和蠻橫不講理。

2. 錯誤的民主教育，處處徵詢孩子的同意，以致無法要求孩子遵守規範。

3. 怕孩子受挫折和受苦，未讓孩子承擔應有的責任，而造成他們的逃避、推諉和拒絕。

4. 物質享受太多，替孩子做太多的服務，造成主從顛倒，孩子對父母頤指氣使的現象。

父母除了要避免以上錯誤的教導外，還要保持耐心，堅持孩子做應該做的事，其要領是：

1. 減少衝突的機會，養成講理的習慣，堅持正確的原則。

2. 溫和示誡，該罰則罰，該賞則賞。

3. 要先約法三章，建立規範，才能有效堅持原則。

4.凡事要先指導或示範，再要求行動。

孩子必須在童年結束前，建立接受父母教導的態度，這樣到了青少年階段，你要跟他講理時，他才會聽得進去。當然，最重要的是父母在進行家庭教育時，自己就要表現通情達理的身教，孩子才會有講理的習慣。

適時教導

品格的陶冶，要適時把握機會。兒童階段是黃金時期，凡事要把握及時和適切的教導。例如在日常生活中，你看到該對孩子提示的事，就要誠懇的告訴他；而該預先指導的，如參加長輩的壽宴要注意什麼禮貌等，得先做提示。現場孩子如有不當的行為，要避免當下訓示，必須先替他緩頰，回家後再告訴他正確的作法，以免損及顏面和自尊。一般而言，所謂及時的教導，應注意的要領是：

1. 要隨時留心孩子的品格教育，隨機適時教導。
2. 要把握適當的時間和地點，對孩子說話要誠懇，不可傷及信心和自尊。
3. 如果孩子生氣了，就暫時擱置，改天再找適當的時機溝通。
4. 跟孩子說話要對事不對人，把事理說清楚，不批評，也不貶抑孩子。
5. 要求孩子改過遷善的話語，要短才有效，囉嗦反而有害。

孩子的品格教育養成，要保持輕鬆自然，特別是社會上所發生的事例，父母可以在自然交談中，指導其正確的觀念。學校所發生的教育事件，也可以成為茶餘飯後自然討論的題材。在這樣自然討論別人所發生的品格問題時，孩子最能夠客觀的判斷、認知和學習。

建言：餐桌大學的影響力

多年來，我一直在推動餐桌大學的觀念，建議大家把家裡的餐桌，營造成一個可以交談、分享、討論和聯誼的地方。用餐之際，親子間輕鬆地閒談，沒有批判責罵，沒有嚴肅的態度，更沒有任何顧忌；可以大談有趣的趣聞，交換閱讀的心得，證論自己的見聞，乃至自己做過的蠢事或糗事等，在這樣毫無限制的氛圍中，增進親子家人間的感情，彼此交流觀念，互相了解。這樣的親子互動最容易產生陶冶和啟發，智情意膠融，發展成孩子良好的品格、學識和胸襟。

已有不少家庭採取餐桌大學的模式，他們不但把孩子帶得活潑健康、有創意，而且在後來學業和事業的發展上，也都有不錯的表現。

19 經營學習型家庭

孩子的心智發展，受到兩個因素的影響：先天的遺傳和後天的學習。有些人說先天重要，有些人說後天才重要，這個爭辯不休的問題持續了幾千年，直到現在神經心理學家才提出一個共識：先天因素對大腦組織的影響，約有百分之三十到六十，而後天環境的影響，則有百分之四十至七十，可見兩者都很重要。豐富多樣的環境對孩子大腦功能的發展，的確有重大的關聯。

因此，父母應該要經營一個學習型的家庭，在平常相處的活動、交流和處理事情中，教導孩子負責、思考和解決問題的能力，並以身作則，成為孩子學習的示範。這對孩子的大腦功能和思考能力，乃至生活態度及情緒狀況，都能有正面的啟發。誠如前一章所談的餐桌大學，那正是學習型家庭的模式。我認為學習型家庭有以下特質：

1. 對事物抱持好奇、探討和了解的態度。
2. 願意負起責任，以思考和行動解決問題。
3. 樂於分享新知，並尊重不同的看法。
4. 對閱讀、查詢資料和討論有興趣。
5. 面對真實，而非活在臆測或虛妄的想像中。

學習型的家庭因為有比較多的新知，所以孩子較少成見；能與家人分享學習和解決問題的方法，所以孩子的創意較好；家人有不同領域的知識交流，所以孩子的視野和領悟力也比較深廣。最重要的是，孩子從學習中培養了信心，孕育出健康的自我，比較懂得進取，勇於接受挑戰；而在人際互動上，因為交談的技巧比較好，因此顯得穩定而自在。

學習型的家庭帶給孩子成長和學習的動力，為孩子適應快速變遷的社會打下良好的基礎。所以，要培養孩子成材，就得先經營學習型的家庭。

這個課題有一個觀念必須澄清的是：學習型家庭是一種家庭生活的態度和行動，在成員互動中表現出清醒、思考和解決問題的態度，並且帶動孩子一起學習。良好的學習態度具備有好奇、主動性和交流的喜悅，如果缺乏這些特質，而對孩子的教育採取高壓、強制和疲乏的練習，即使是高學歷的父母，甚至自己是教師或教授，仍不能算是學習型的家庭。

學習環境與氣氛

學習當然需要好的環境，例如安靜的空間、適當的光線、必備的桌椅等，但氣氛遠比環境重要。有些家庭的環境設備齊全，但氣氛冰冷，沒有啟發性的語言，缺乏情意的交流，未能引發孩子思考和溝通；像這樣缺乏溫暖、輕鬆交談和啟發性的情境，即使設備一流，孩子的好奇和學習力也很難發動起來。

我曾觀察一群傑出的高中生，跟他們的父母交談，了解親子互動的方式。結果發現，他們的家庭都具有活潑、交談和好學的氣氛，隨時都在觀察和學習，其中有些父母學歷為國中畢業，但家中仍具備濃厚的學習氣氛。當時得到一個結論：學習的氣氛最容易引導孩子的興趣和認同。我認為，學習型的家庭其主要的氣氛是：

1. 重視孩子的心智成長和學習，必要時願意放下手邊的工作，與孩子交談和討論。
2. 透過關愛和了解，建立親密的關係；親子間容或有歧見，但不會造成衝突。
3. 了解孩子的心智成長，做正確的回應，指導孩子做他能做的事。
4. 交談的習慣良好，但卻不是說服孩子，而是一起去探討事理，尋找正確的答案。

身處在學習型家庭的優質環境和氣氛中，孩子耳濡目染，自然能養成良好的學習習慣。進入中學之後，主動性漸漸發揮，學習就會漸入佳境。

自然學習法

學習型的家庭在教育子女時，並沒有什麼既定的課程和教材，而是觸目遇緣，隨機教導。他們相信，只要是孩子還沒有學過的東西，都是教導的題材，因此隨時機警有趣的帶領孩子觀察新的事物，做必要的解釋和說明，一起討論和思考。

這樣的自然學習法不但活潑生動，而且用起來非常方便，只要你願意，就可以有效的運用。有些父母問我，自己知識有限，要怎麼引導孩子學習，為他們解釋和討論呢？其實這並不困難，只要你跟孩子一樣保持好奇心，就能進行自然學習。你可以陪孩子一起觀察，解說你所知道的部分，至於你不懂的部分就記下來，然後陪孩子一起請教專家，或者查閱資料，共同把它弄懂。孩子在這樣的氣氛中，便學會追根究柢，發展研究、觀察和求證的學習態度，這對日後做學問的精神有很大的幫助。你能把這些本事教給他們，就等於給了他一把成功人生的鑰匙。自然學習法包括：

1. 閱讀好書和雜誌，並且共同分享、交流和討論。

2. 配合孩子的了解程度，安排各類參觀或旅行，必要時可以請教解說人員。

3. 參觀父母或親友的工作場所，必要時可以引導他參與能力所及的事。職業體驗對於孩子的生涯，通常具有極大的啟發性。

4. 指導孩子做小型的專題研究，尤其是學校老師指定的課題，一定要協助他完成。

其實自然學習法是每一位父母都做得到的教導法，你只要有興致，就以上幾個方向去努力，一定會有良好的成果。不怕你不會，因為你可以陪同孩子請教別人或查詢資料，只怕你不肯行動，因為它會失去大好的學習機緣。

孩子在童年結束前若能好好運用自然學習法，必能獲得豐富的知識，涵養其待人處事的方法和態度，對其學習的興趣和信心，都能打下厚實的基礎。

成長的真相

學習型家庭會配合孩子的成長階段，在教導的方法上做適當的調整。他們會閱讀發展心理學，對孩子從嬰兒到青春期的發展特性做必要的了解，隨著孩子的心智成長和階段性的特質，在教導上做必要的調適。他們也知道，活在社會變遷快速的二十一世紀，沒有正確的知識就很難把孩子教好。他們更了解，父母的愛如果缺乏正確的知識和方向，便會誤導為溺愛，或形成錯誤的愛。

一般來說，孩子在嬰兒時期最需要的是看護、溫暖和安全感，因此這個階段要多擁抱，溫柔的交談和輕聲的歌唱。嬰兒從出生到滿週歲，大人切忌高聲爭吵和衝突，以免傷害他的安全感，亦應避免經常更換褓母。

孩子在一到三歲時，關鍵在發展自律，從控制大小便到與兄弟姊妹的關係。他開始學習如何與人相處，並學會最起碼的自律。這時，基本的行為和人際紀律，是他發展待人處世的第一套工具。在這個階段，父母若是過於嚴格或溺愛縱容，都會影響其適應的能力。過於嚴格容易導致拘謹和懼怕，造成焦慮性格的可能性比較高；而放任及缺乏教導，則容易缺乏自律和喪失道德良心。

幼兒在三到六歲之間開始發展主動性，此時父母可以帶著孩子自然學習，共同探討摸索，一起做家事、說故事、遊戲和動手製作美勞作品或玩具等，這有助於孩子主動學習和負責態度的發展。

到了六到十二歲，孩子的發展重心在好奇、勤奮和具體思考。這時要把握時間，透過主動性和誘導，讓孩子學習更多知識，發展多元智慧，打好進入青少年時期的獨立性、主動性，以及發展健康自我的基礎。

總之，孩子在嬰兒時期，父母需要給他無微不至的愛護，接著就要陶冶其自律和主動性。到了兒童期，就要建立規範，必要時得採取堅持原則的態度，要求孩子依家規行事。在童年時代，要落實賞罰分明的原則，用父母的影響力或權威，達到訓練孩子遵守規範的目的。但是到了青少年階段，孩子的自我意識漸強，父母若使用強制、處罰或嚴格管教的手法，常會帶來衝突，造成親子間的緊張，所以這時應改採溝通和彈性，但對於必須遵守的原則，仍然應該極力堅持。

父母在孩子童年結束前，把基本的待人處事、學習態度和品格等教出個模樣來，一旦進入青少年時期，就要靠他既有的基礎，主動學習和成長，但父母也不能忘了要在一旁給予肯定、協助和支持，這樣才能順利完成孩子心理世界的大工程——自我認同，讓他成為一個心理健康、有為有守、有創意的個體。

了解成長的真相，對不同心智發展階段的孩子做適當的關愛、教養和啟發，是學習型家庭教育子女的一大特色。

建言：學習的心理機制

孩子的學習，隨著同化和調適兩個作用，逐漸使心靈發展成有智慧和有創意的個體。同化使孩子能吸收經驗及所學，豐富其認知的基模；調適則是讓孩子運用現有的基模，去理解和創造新的答案。學習型的家庭不斷在幫助孩子發展其認知的機制，讓同化隨機進行，使調適隨時發功。

學習型的家庭對於孩子不做貶抑、壓抑和抨擊，他們知道這些行動或許能一時逼迫孩子用功，得到眼前的成績，但他們也明白，懼怕會產生焦慮，悲傷會引起無助，沮喪會形成憂鬱，這些負面的情緒不但會抑制同化和調適的功能，還會造成心理不健康的惡果。

因此，學習型家庭採用協助和肯定來引發孩子的信心，用家庭氣氛和自然學習來提升學習的效果，並隨著孩子心智發展階段的不同，調整其教導的方法。學習型家庭不但能成功地教育子女，也是自己生涯的成功。

20

輔導偏差行為

孩子如果有偏差的行為，除了先天性障礙，如過動、氣質性違抗、自閉症等外，絕大部分皆導因於後天的環境。簡單來說，就是教導上的疏忽或不當所造成的後果。

有偏差行為的孩子，並不是父母不愛他們，而是使用了錯誤的愛，或沒有啟發性的愛，誤導孩子的心智發展。孩子都有一種向上發展的潛能，然而經過誤導之後，可能扭曲變質而顯現出強烈的違抗和非行行為，或者發展成心理失常。所以，父母的愛必須是有能力的愛，能引導孩子，啟發其心智成長和學習。

孩子的偏差行為和心理困擾，可以歸納出幾個基本成因。這些因素或單獨或並存，對孩子的影響至深且遠。它們包括：

1. 父母爭吵和敵對的破碎家庭，容易造成孩子的不安和敵意，甚至發展成暴力傾向。
2. 疏忽管教，孩子得不到正常的教導和關愛；冷漠使孩子失愛，得不到溫暖。
3. 過高的期許，給孩子帶來不當的心理壓力，因而引發衝突，造成敵意，或者發展成情緒上的焦慮或沮喪。
4. 對孩子過於溺愛，給他們無微不至的照顧和享受，沒有發展出責任、主動性和自我控制，造成行為違常。
5. 受到不良同儕團體的支持，因此變本加厲，脫離常軌。
6. 不斷對孩子妥協，以致無法約束孩子，令其予取予求，走向偏差之路。

偏差行為的預防，遠重於事後的輔導和矯治，因此父母要避免這些負面因素的發生，積極提供好的教養環境和教化。

這些因素一旦誘發孩子產生偏差行為，就會出現共伴效應，互相影響，而變得複雜起來。所以一旦孩子出現偏差的行為，就要及早處理，否則複雜化之後，要輔導孩子步向正途就大費周章了。

違抗行為

孩子到了青少年階段，自主性增加，自我意識抬頭，加上前述的負面因素，便會出現強烈的違抗行為。他開始呼朋引伴、約會、參與轟趴派對等等，慢慢從晚歸到不歸。而他在父母眼中怪異的打扮、大膽的違抗、浮躁和不聽勸告，顯然都令父母無法接受，此時如果處理不當，就難免會爆發衝突，還給孩子我行我素、徹夜不歸，甚至離家出走的藉口。

處理這類事件，父母的心理要先做調適，有耐性了解孩子，不宜氣憤而起衝突，造成僵局；當然，也不能任由孩子我行我素。其輔導的要領是：

1. 確定家庭的規範和限制合情合理，並讓孩子清楚地了解；而不遵循約定的懲罰也必須是公平合理的。

2. 父母在回應時要冷靜，合乎情理，不損害孩子的自尊，慢慢引導他改正。

3. 不讓孩子唱反調的伎倆奏效，但仍要保留孩子的面子，讓他有發展順服及改正錯誤的機會。

4. 要對孩子保持信心和關愛，不可因為一次偏差的行為就剝奪他應有的自主決定。

5. 當孩子改過遷善時，要及時予以肯定或獎勵。

違抗行為是偏差行為的前奏，同時也是青少年普遍存在的現象。不過，從實務中觀察，家庭教育功能正常的孩子，其違抗大抵在爭取更多的自主權和決定權，鮮少會脫軌演出，參加不良同儕冶遊或轟趴派對等活動。因此，對於脫軌的違抗行為，父母要謹慎因應。

沉迷網路

當孩子沉迷於網路時，便會有睡眠不足、無法專注學習的現象，以致成績低落，甚至會因早上起不來而造成缺課或中輟。有許多父母向我詢問怎麼幫助孩子脫離這種上網成癮的惡習，他們對孩子感到無奈，每天為了催孩子睡覺、叫孩子起床而生氣，最後採取斷然措施，把電腦插頭拔掉，結果卻演變成更強烈的衝突。於是孩子移師網咖，接著中輟，交上不良同儕，在缺錢花用的情況下販毒吸毒，步上犯罪的道路。

有些網路成癮的青少年雖然沒有中輟，但上學斷斷續續的，成績每下愈況，長此以往，便會造成自尊不健康，人際網絡狹小，自我認同不完整，最後賴在家裡走不出去，既不想工作，也不思振作。從研究和實務觀察中發現，這些網路成癮的青少年，基本上是先有心理問題，才會迷上網路不肯下來。網路成迷可以讓他逃避現實，不必面對現實問題的挑戰，同時可以自我麻醉，忘懷痛苦。

一般來說，即便心理健康的孩子有時心血來潮，也可能通宵達旦的上網，但那只是偶一為之，並非常態。他們有較好的自律，有其他更值得學習和接觸的事物，不會讓自己沉溺在網路上而走不出來。

因此，網路成癮是心理問題的衍生現象，如果只是把電腦搬走或強制關機，那只會造成更多的衝突。既然真正的問題癥結是心理因素，那麼處理網路成迷的原則應該是：

1. 帶領孩子做諮商輔導，解除其心中的困擾或疾患。此外，父母也要學習正確的教育觀念和技巧。
2. 避免為孩子上網而產生強烈的親子衝突，並協助他訂定合理的使用規範。
3. 幫助孩子克服因網路成迷所衍生的學習和人際等問題，並與學校建立良好的輔導互動。

4. 肯定孩子所做的努力，多給予鼓勵和支持。

網路成迷只是症狀的一環，真正的問題是逃避現實，讓自己從生命的責任中撤退。只要這個核心問題沒有解決，孩子的生涯還是會出現許多困難和疑慮。

品行失常

當孩子有反社會性格時，會明知故犯，缺乏道德良心，經常違反社會規範，甚至有犯罪的行為，這就是所謂的品行失常。這些孩子不但大膽違抗規定，具攻擊性，常出現偷竊、衝突和暴力，他們也缺乏道德觀念，不能容忍挫折，社交技巧拙劣，對事情的因果判斷能力也比較差。

品行失常出現得越早，疾患持續的時間就越長。如果是出現在十歲左右的兒童身上，有可能在成年之前就犯法入獄。心理治療師詹姆斯・溫德爾指出，這種疾患主要與家庭因素有關：

1. 缺少父母的管教督導和關懷，讓他們缺乏道德意識。

2. 父母很少參與孩子的活動，不注意他們的功課和遊戲。

3. 承受嚴厲或幾近虐待的管教方式。

4. 前後不一致的管教方式，有時嚴，有時鬆，任意處罰。

5. 父母有反社會性的人格特質。

6. 父母濫用藥物或吸毒成癮。

品行失常的孩子如果不及時輔導和治療，將來便會發展成反社會人格，甚至變本加厲，成為殘酷犯行的罪犯。品行失常的孩子往往也是虞犯或非行少年，因此要透過少年保護處遇來進行輔導。一般而言，這類的輔導或治療要注意的事項是：

1. 結合家庭、學校和治療機構，共同參與輔導。

2. 改變父母親的管教方式，訓練父母懂得以正確的態度和技巧來對待孩子。

3.進行家庭治療，從而改變親子間彼此的互動方式，並學習社會技巧、道德觀念等。

4.學習家庭成員的溝通技巧，包括傾聽、同情、了解和教導孩子解決問題。

學校和保護處遇機構，對於品行失常者的父母，應善盡告知其可能衍生之後果，積極協助他們有效的教導方法。

情緒失常

孩子最常患的心理症候或困擾，包括有憂鬱症、焦慮症和敵意（或憤怒）。憂鬱的本質是無助或沮喪，從而衍生成悲傷與憂鬱。在他們的心理世界裡，經常有「我要做給你看，但我辦不到」的長期掙扎，因而造成無奈與無助。憂鬱有時來自不可彌補的心創，但大部分是源自於無法克服的挫折。很明顯的，憂鬱的人一直抱著一個他達不到的理想，那個理想不斷的折騰他，使他情緒低落沮喪。

焦慮的孩子則害怕失敗，怕不安全和沒有面子等等。在他們的背後，一樣有個他達不到的理想，而越怕達不到就越焦慮，這就是焦慮症候的根源。再者，敵意和憤怒則是孩子做人做事受到挫折的產物，挫折如果經過父母的增強，憤怒和敵意就會升高。因此我們可以歸納出一個結論：父母對孩子要求太高，使用嚴苛的處罰或責罵，再加上不協助孩子解決問題，就會形成嚴重的偏差行為和心理症狀。

孩子一旦有了憂鬱、焦慮和敵意的心理失常，就該進行輔導和治療，及時對上述的錯誤做釜底抽薪的補救才行。你可以請學校的輔導室幫忙，也可以直接尋求心理醫師給予治療，並重新學習教導的方法，做必要的配合，讓孩子慢慢回到正軌上來。

建言：健康即幸福

孩子出現偏差行為和心理失常，表示他們偏離了正常的軌道和健康，這時父母必須虛心謹慎地處理，不可視若無睹，輕忽問題，以為孩子大一點，這些問題自然就會過去。有些父母就是抱著這樣消極的態度，孩子才步步陷入困局，等到一波波的大問題出現時，後悔就來不及了。

父母不是天生就會教導孩子的，尤其是在眼前這個變遷快速的社會，只要稍微疏忽，都有可能造成孩子暫時性的偏差行為。但是對於這樣的挑戰，只要誠心想幫助孩子，「亡羊補牢，猶未遲也」，只要請教專家，做適當的調整，孩子還是會再現出健康的笑容和幸福的。

21 親子溝通的要領

親子間的溝通，是透過語言、表情和肢體動作來交流感情，傳遞訊息和想法，協商彼此的意見，形成合作或行動等等。孩子的學習和成長，思想和情感的發展，都是從親子溝通中發展出來的。

家庭生活中人際溝通的品質，決定孩子的心智發展和人格特質，甚至與心理健康息息相關。父母若對孩子冷漠，或疏於和孩子溝通，孩子的智能和語言發展就會受到限制；如果父母未能流利精確地使用語言，也必然會對子女的智能發展產生影響。而溝通的和諧與衝突，知識、意見和思想的交流是否通暢，都會影響情緒和心理健康。

因此父母在教育子女時，要特別注重彼此溝通的品質，經常留意自己與孩子的溝通是否達到以下的結果：

1. 增進彼此的信任、尊重和感情，增加親子間的溫暖。
2. 啟發心智成長，引發思考的明朗化經驗，促進學習的動機和行動。
3. 透過溝通解決生活、學業和感情等問題，並協調彼此的意見，達成共識。
4. 產生共同合作的效果，並提高生活與工作的效能。
5. 在家庭中凝聚共識，增加成員的向心力。

以上所列事項，是親子互動中最重要的目標，請你在與孩子交流溝通後，想一想是否達到上述任何一個目標。如果答案是否定的，甚至是相違背的，就表示親子溝通有了問題。

溝通不良的負面效應

親子間缺乏溝通，彼此沒什麼交流，從而冷漠疏離，孩子的心智發展便會產生遲滯的現象。而若採用兇暴、貶抑或衝突的方式，則會帶來人格扭曲，或者心理疾患的惡果。觀察諸多個案，冷漠的親子關係常造成孩子學習能力的低落；而遭受貶抑、辱罵和家暴的孩子，則大都出現心理不健康的傾向。溝通不良所造成的負面效應包括：

1. 孩子有人際障礙，容易與人衝突，或出現孤獨、孤立等現象。
2. 心智發展遲滯，學習困難，有較多反社會的行為。
3. 缺乏自我價值感，自尊不健康，容易併發焦慮、憂鬱等心理疾病。
4. 容易發生對立性違抗和品行失常。

親子溝通的頻率和品質越差，孩子的人際調適能力就越不好。衝突和孤獨會帶來挫折感，得不到同儕的友誼和肯定，而變得自尊低落；失去師長的了解和關愛，則變得沮喪和無助。長此以往，孩子受到挫折和焦慮所形成的心理壓力，對孩子的人生發展是嚴重的打擊，便容易導引他走向歧路。

這些孩子總是逃避合作和人群，要不然就沉迷在網路上下不來，或者狠下心來向不良幫派靠攏，走向為非作歹的不歸路。因此為人父母者要儘量用愛和智慧跟孩子交談，要抽出時間陪孩子，以幽默的方式指導孩子看待問題和解決問題，用活潑積極的態度，豐富孩子的學習和生活。

溝通需要時間，而且要建立在同理和了解上，更重要的是，要明白溝通決不是責罵、批評和發洩你的不滿。真正的溝通是騰出時間，互相交流，產生認知、感情、喜樂、思想和創意。

時間是最寶貴的禮物，時間也就是愛。每天花一些時間和孩子來一場有知性、有感性的平行交流，沒有衝突，只有喜樂，那就是我所謂的餐桌大學。隨緣、平心靜氣的交談，說說彼此的心聲，不用責怪、批評、貶抑和訓斥的語氣，揚棄威脅、憤怒和敵意的態度，而以同理心去回應，這就是親子接心的藝術，孩子自然能成材。

溝通的關鍵

親子間的溝通是建立在良好的人際關係上。彼此信任就有穩定真誠的互動；互相猜忌和指責，便會產生防衛和緊張。疏離的人際關係，來自家庭生活的經驗；對別人的安全感和自信，也是從親子互動中培養出來的。

父母要與孩子建立好的互動，培養其未來的人際適應和健康的心理品質，就必須從信任的關係著手。誠如人際溝通專家達爾・卡納基（Dale Carnegie）說的：「每個人都渴望被肯定、關懷和成功。如果你得便能給對方肯定和關懷，幫助他獲得成功，就能建立良好的人際關係。」我相信親子之間的關係也是如此。父母要建立良好的溝通基礎，就要把握以下三個原則：

1. 透過同理的了解，給孩子必要的肯定和支持，即使孩子做錯事，父母糾正時還是要在心理層面上維持他的自尊。
2. 給予孩子必要的關懷，讓他領受到愛和依恃的力量，有勇氣和信心去看清問題，並做正確的決定。

3. 協助孩子解決問題，從而獲得成功的經驗。這能累積信心，發展主動性，很自然地與人交流。

透過這三個原則，能培養孩子穩健的人際關係，這不但有益親子相處和交心，更重要的是，孩子與同儕的友誼、互動和合作學習，都會變得順暢容易。

從追蹤觀察中發現，在健康的親子關係中長大的孩子，其人際能力、合作習慣、領導與人緣等，都表現得比較好。二十一世紀是一個群策群力的時代，不是單打獨鬥便可以有所成，因此與人合作相處，便成為新的生活方式。人際能力好的，學習、溝通和工作效能都會提高；反之，人際關係上有障礙的，則像連不上線的個人電腦，發揮不了什麼功效。

你想要孩子成材，就得透過自然學習法，從建立良好親子關係著手，帶領他們有效與人互動和交流。

怎麼與孩子說話

親子間的人際互動一旦發展成溫馨、關愛、親密的生活情境，那麼彼此之間的意見交換、心智的啟發和歧見的包容等，就會比較容易。融洽創造了親密，親密帶動更多的交流和學習，心智發展因此朝著正向循環的方向前進，親子間的談話也變得更為豐富和具啟發性。

不過，究竟要怎麼與孩子說話，這仍是人際溝通中重要的課題。這部分我在《親子共成長》一書中有詳細的討論，因此在這裡謹提出幾個關鍵性的原則，作為親子交談的依循：

首先要恰如其分。童年階段的孩子要隨機指導解釋，多參與孩子的活動和話題。但一到了青少年時期，父母就要轉當顧問，千萬不要當經理，不要替他出點子，或幫他完成，除非孩子找你幫忙。因為青少年的自我意識已經抬頭，因此你要順勢指導，而非越俎代庖。

其次是在回應孩子的話題時，不要急著糾正孩子的錯誤，這會把說話的氣氛搞壞，以致談話中斷。如果你一定要糾正，那就等到結論或適當的時機才加插進去。糾正和批評性的語言，不但使孩子產生防衛性，亦會讓孩子情緒浮躁。

其三是對事不對人，就事論事，避免傷及孩子的自尊和信心。親子間的談話只要傷及自尊，都會讓情緒失衡，變得緊張火爆，甚至中斷談話。

其四是傾聽孩子說話，透過傾聽的技巧可以解決孩子大部分的問題：

1. 關心地看著孩子，放下手邊的工作，專注的聽孩子說話。
2. 傾聽能讓孩子在陳述中澄清觀念和真相，並紓解其壓力。
3. 維持傾聽的技巧是：點頭和同理的表情，讓孩子能繼續說下去；重述他所說的關鍵字，幫助他澄清觀念；簡要整理並重述他的話，孩子接下來會說得更清楚。
4. 孩子說完話後，其理性就會出現，此時只要你問他「你準備怎麼做？」「這樣對你有益嗎？」等等，孩子用理性解決問題的潛能自然就會流露出來。

最後要提醒父母的是，與孩子說話時，並不是要把自己變成一顆柔柔的軟糖，必要時還是得說聲「不」字，阻止孩子做他不該做的事，但要語氣懇切，態度堅定。以下是父母該說不的時候：

1. 孩子的行為危及健康和安全時，例如喝酒、吸毒或嗑藥等，要予以制止。
2. 破壞重要的紀律和規範，例如不遵守法律、道德和不尊重他人權利、生活空間和財物等，應及時說不，阻止犯錯。
3. 孩子採取暴力、攻擊性等非理性行為時，應予制止。
4. 孩子放棄自律、自制和責任的時候，應對他說不。

制止孩子做有害心智成長，破壞其人生健康和幸福的事，是父母最重要的責任，而且父母必須以身作則。在必要的時候，必須越過內疚或慚愧，果斷地阻止孩子做不該做的事，尤其是對違背健康和生命的大事。

建言：提升孩子心靈的能量

親子溝通是孩子心靈世界的陽光。家庭生活必須在溝通中締造父母之愛，啟發孩子的心智成長，並創造幸福感和活潑喜樂。良好的親子溝通像細水長流一樣，灌溉著孩子成長的沃野，讓他們有發展的空間，也締造了人生的樂土。溝通是透過行動、表情和語言等多方面進行的，它所呈現的結果，便是光明的人生和希望。

22 性別平等的教養

性別平等是二十一世紀的趨勢之一，無論就法律、人性或社會生活適應來看，這已經是一個普世價值。因此父母在教養子女時，不可不重視這個課題。

孩子的性別雖有差異，不過個別差異遠大於性別差異。真正的核心問題是：每個孩子生而平等，都有其特質和潛能，要透過了解、接納和尊重，幫助孩子實現自我，讓他們在工作、生涯、社會適應及人權上得到平等，以實現其幸福的人生。

過去，由於普遍存在著性別成見或刻板觀念，以致在子女的教養上，發生一些偏差。例如，一般人對男生的期許比女生高，對男生的重視比女生多，結果在心理健康上，就造成很大的不同。從調查資料中發現，入學成績排名前段的學校，女生的心理壓力比男生大；而在後段學校，男生的心理壓力比女生大。心理壓力越大，困擾和心理症狀也就越明顯。此外，還發現男生比女生更常出現理性失調的疾病，例如偏差行為、品行失常或精神分裂疾患等，而女生則較多情感失調的疾病，如情緒失常、憂鬱症等。這種差異的解釋，目前有較多的理由顯示，父母對子女的教導態度，存有相當大的差異。

在東方社會，父母對男孩有較高的抱負水平和期望，對兒子獲得好成績的肯定較多，要求和批評也比較嚴格。對女兒的期望則不那麼急切，對其成就的嘉許也不足，但對順從和溫柔的要求過多，肯定性的教導不足。從許多個案的深度分析中，我了解到父母對性別的觀念，常會影響孩子的心理健康，這就是為什麼在教育子女時，要討論性別平等的原因。父母不能因為性別的刻板觀念，而限制子女潛能發展和自我實現的機會，應該表現出性別平等的身教，幫助孩子建立正確的觀念和自信，以創造人生平等的教育真諦。

性別的成見

父母對子女的期望，以及對他們能力的認知，也會影響孩子對自己的認知，甚至影響他對自己性向的判斷。例如，過去大家都認為男生的數理比較好，女生的語文表現較優，這個現象國內外都有類似的調查報告。但到了二〇〇〇年之後，由於推動性別平等的觀念，大學生各科系的分布已有顯著的改變，工程方面女性的人數已超過百分之四十，即使是過去女性望而卻步的電腦科技，現在人數也提升到百分之三十四。

再者，我們發現男女高中生在自我期望和能力認知上，男生高於女生；而且在面對困難時，女生較易歸因於能力欠缺，因此比較容易產生情緒問題，這也是為什麼女生的憂鬱症人數遠多於男生的原因。

一般父母親最常見的性別成見包括：

1. 父親扮黑臉，母親扮白臉，結果教育態度不一，是非分不清楚，不但沒有把孩子教好，還會帶來心理健康的障礙。

2. 男生不必做家事，女生要做家事。其後果是男生失去做家事的教育陶冶，其勤奮和責任感得不到正常發展，同時童年的心智發展也會受到抑制。

3. 訓誡男生不可以哭，女生不可以發脾氣，結果造成情緒壓抑，以及心理調適的困擾。

性別的成見不但會干擾父母教育子女的態度和方法，而且會錯誤影響孩子的生涯發展和心理健康。茲歸納常見有害的性別成見如下：

1. 女生擅長語文，男生擅長數理，所以生涯發展方面，女生適合文法科系，男生適合理工科系。

2. 女性要考慮家庭，男性要以事業為重，因此女生要犧牲事業，男生沒有成就是很丟臉的事。

3. 女生易受暗示，男生比較理性；女性自尊低，男性自尊高。

4. 女性的成就動機和肯定性要比男性低。

只要你抱持這些成見，教育子女的方法和方向就會產生偏差，甚至誤導。因此父母要切忌以這些成見來教導自己的孩子。

性別差異

所謂的性別平等，並不是認為男生和女性都相同。現在有更多的研究指出，大腦的性別差異，是決定性別認同的原因。二〇〇四年，來自加州大學和密西根大學的十四位頂尖的神經心理學家，共同發表了一篇論文〈人類男性大腦和女性大腦中，存有因X和Y染色體所產生的完全不同的蛋白〉，論文中指出，男性的蛋白在女性中找不到，女性的蛋白在男性中也找不到，因此性別差異是基因決定的，不是環境造成的。

目前有許多研究都證實，男女之間有很大的差異，比如說，特教學生男性比女性多，濫用藥物者男性也比女性多；讓幼兒作畫，男生畫的是動作，女性畫的是靜物和人；在方向感方面，女生採用參考地標定位，男生則採取絕對定位，以東西南北和距離來定位。可見，兩性之間在思考、視覺、情緒運作等方面，仍有許多的不同之處。

性別不同所帶來的行為差異，在教導上要做適當的調整。比如，男孩天生喜歡冒險，女孩比較不喜歡為冒險而冒險；孩子一旦學會走路，男生比女生容易做出危險的動作；幼稚園的男孩會在家裡燒報紙，再用水來滅火，女生則較少這類行為。而到了青春期，男生容易衝動做出傻事，當他發生重大挫折時，父母必須要知道該怎麼輔導和預防。女生遇到嚴重沮喪時，容易默不吭聲，做出自我傷害的舉動，父母不可不注意防範。

在友誼的表現上，男生的情誼建立在同樣的興趣和活動上；女生則建立在交誼和聊天上。男生的友誼是肩並肩，一群男生一起做大家感興趣的事；女生則面對面，花時間聊天和逛街等之類。父母必須了解這些特質和差異，才能有效輔導他們。也許有人認為這是社會文化的影響，但孩子正生活在這樣的文化中，如果否定這些現象和特質，就很難借力使力來輔導你的孩子，也可能會帶來更大的衝突。

在性慾方面，大部分的女生是在親密的關係下，才享受肉體的親近。但目前正流行爽一下的性接觸，對於女生而言，是一種沒有愛的性行為，會造成不能自我珍惜或不自愛的現象。因此，父母不可不叮嚀孩子，沒有情愛友誼的性慾，是沒有愛的性行為，會助長未婚懷孕的困擾。

在教導上男生和女生仍有許多不同，因此對孩子宣布處罰或收回權力的方式，仍要斟酌兩性的差異。特別是在生活紀律的要求上，對女生要採取較柔和的教養方式，男生則比較能接受嚴格的管教方式。

至於有關同性戀的課題，一直是許多父母諮詢的重點。他們發現自己青春期的孩子，一直都和同性的朋友交往，擔心他們學會同性戀的性經驗。其實，父母親應該了解同性戀最主要是基因的緣故，因此只要用正常的教養方式去教育孩子，就不必為這個不可改變的問題過度擔憂。

最後，許多人在討論男性化和女性化，是不是一種性別偏見。在此我要提出另一個研究結果：女性化的女孩和男性化的男孩，比起男性化的女孩和女性化的男孩，要來得快樂和有成就感。父母教導孩子接受自己的性別，也是很自然的。（請參考《養男育女調不同》，遠流出版）

性別平等

我們不能把性別差異，看成是性別不平等；我們也不能因為提倡性別平等，而忽略對性別差異的尊重。父母對子女性別平等的教化，要建立在對性別差異的了解和尊重上，給予平等的環境和機會，引導孩子實現其潛能，締造幸福快樂的人生。所以，父母應特別重視以下幾個要領：

1. 喜歡和接納孩子的性別，給予尊重和愛護。避免性別成見，並協助孩子實現自我。

2. 幫助孩子了解自己的性別，維護生活和心理的健康，並懂得保護自己、珍愛自己。

3. 對青少年進行性和人際的教育，學習如何與異性交往，並做婚前的教育。

4. 尊重性別的不同，在教導及學習方法上，做適當的調整和指導。

5. 協助孩子性別認同，培養其快樂健康的人生。

6. 教導孩子性別平等的民主和法律素養。

從大腦神經結構及其運作來看性別差異，就會發現教養女生和男生的方式，必須斟酌調整才行。不過性別雖然不同但卻平等，這個觀念要清楚的教導給孩子，然後父母再因勢利導，啟發其潛能，協助他們走向光明的人生。

建言：超越性別的人生

性別平等已是普世的價值，正如佛經上所謂「是男是女，非男非女」的觀念。我們不僅要了解和尊重性別的差異，也要超越它的限定性，達到真正的平等和生命的實現。

無論你生幾個孩子，都要了解男生是好的，女生也是好的，要用平等心去接納，用了解和尊重予以愛護和教導，這就是教育的真諦。

性別有差異，個別氣質也有差異。有差異才有變化，才能應付生活中種種的需要和挑戰。人類的珍貴本性就是差異，但最了不起的智慧則是平等與超越。

國家圖書館出版品預行編目資料

教導孩子成材：打造學習型家庭，做孩子的領航人 / 鄭石岩著. --初版. --臺北市：遠流, 2006 [民95]
面；　公分. --（大眾心理館鄭石岩作品集. 親職與教育；1）

ISBN 978-957-32-5919-0（平裝）

1.親職教育　2.父母與子女

528.21　　95019933